LA FABRIQUE DE LA DÉFIANCE

… et comment s'en sortir

YANN ALGAN
PIERRE CAHUC
ANDRÉ ZYLBERBERG

La Fabrique de la défiance

... et comment s'en sortir

ALBIN MICHEL

Ouvrage paru sous la direction de Jean-Paul Enthoven

ISBN : 978-2-253-15647-5 – 1re publication LGF

Introduction

C'est l'histoire d'un petit Français. Très jeune, il découvre une école bien particulière. Pendant que ses camarades apprennent, dans les pays voisins, à développer des projets collectifs, il consacre l'essentiel de son temps, assis en rang, à écouter un enseignant qui professe son savoir et à recopier des notes inscrites sur un tableau. Son enseignant est plein de bonne volonté, mais il semble tout autant désorienté que lui. Contrairement à ses collègues européens, il n'a reçu aucune formation pédagogique approfondie. Très vite, notre petit Français est confronté au rite initiatique du « classement » où les mauvaises notes et le redoublement séparent le bon grain de l'ivraie. Sans surprise, il devient l'élève le plus angoissé. Mais tout cela n'est rien à côté de ce qui l'attend.

Notre petit Français devenu jeune adulte est fin prêt à se lancer dans le grand bain de la vie active. Il commence à acheter ses premières boîtes d'antidépresseurs. Le stress ne le quitte plus. Il faut tout d'abord décrocher un emploi à durée indéterminée pour pouvoir louer un logement correct et obtenir des crédits sans l'aide de ses parents. En cherchant à obtenir ce sésame, il s'aperçoit que les relations entre la direction et les salariés ont simplement remplacé celles du maître à l'élève. Il découvre une entreprise où les relations entre employés et managers sont les plus conflictuelles des pays développés.

Il fait rapidement sienne la règle d'or : « Mes supérieurs je respecte, mes subalternes je méprise et de mes collègues toujours je me méfie. » Un Président lui a bien promis qu'en travaillant plus il pourrait gagner plus et s'épanouir. Il s'aperçoit qu'il n'en est rien et que ce sont surtout les conflits dans ses relations de travail et l'angoisse du chômage qui le dépriment. Il est devenu le travailleur le plus insatisfait des pays développés et celui dont l'autonomie est la plus restreinte. Pour survivre dans un monde aussi hostile, il compte sur les syndicats, il envisage même d'y militer. Mais, une fois de plus, il doit mettre ses espoirs au placard. Le corporatisme règne partout et le « dialogue social » n'est souvent qu'un discours creux, peu soucieux de l'intérêt général. Dans ces conditions, une seule solution s'impose : un autre antidépresseur, vite !

Mais après tout, il n'y a pas que le travail dans la vie ! Malheureusement, les dirigeants politiques lui semblent en tout point identiques aux chefs d'entreprise. Nul hasard à cela. Ils ont fréquenté les mêmes grandes écoles et se retrouvent maintenant dans les conseils d'administration des plus grandes entreprises, dans les cabinets ministériels ou sur les bancs de l'Assemblée nationale et du Sénat. Il constate, désabusé, que tous ces grands personnages se cooptent et confondent même parfois leur bien personnel avec le bien commun. Leur devise ? « Hiérarchie, Inégalités, Défiance. » Il a le sentiment de vivre dans une société où chacun joue pour soi. Il a perdu tout espoir en la capacité de son pays à forger un destin collectif.

Cette histoire est loin d'être imaginaire. Elle est même emblématique. Les sources d'information sont multiples : enquêtes, fichiers administratifs, imagerie médicale, images satellitaires, expériences de laboratoire, expérimentations sociales, Internet… Elles couvrent des domaines aussi divers que le revenu, la situation professionnelle, la croyance en Dieu, en l'enfer, au paradis, la conception de la famille, les pratiques sexuelles, le fonctionnement du cerveau, l'état de santé… L'explosion des technologies de l'information a démultiplié le recueil et l'exploitation de ces données par des psychologues, des sociologues, des médecins, des historiens ou encore des économistes. De nouvelles méthodes d'investigation ont été élaborées. C'est une véritable révolution de la connaissance du bien-être. Elle nous apporte un nouvel éclairage sur l'ampleur du mal-être français, ses causes et ses remèdes.

Commençons par le constat. À la veille de l'élection présidentielle, le malaise français est bien réel. Il se manifeste par des états de stress, des dépressions, une consommation d'anxiolytiques et même des suicides beaucoup plus fréquents que dans la plupart des autres pays. Ce constat va à l'encontre de la tentation grandissante d'entonner le refrain « Tout va très bien, madame la marquise ». Les Français seraient des râleurs patentés, culturellement querelleurs, pour finalement se retrouver autour d'une table avec quelques bonnes bouteilles et festoyer. Ou, dans une version plus méprisante : la souffrance des Français ne serait qu'un problème « psychologique » qui ne mériterait pas grand cas. Nous ferions simplement une erreur de jugement sur l'état « réel » de notre pays. N'avons-nous pas un niveau de vie élevé, des inégalités de revenus parmi les plus faibles d'Europe ? Un modèle social que tout le monde nous envie, des infrastructures de grande qualité, une douceur de vivre inégalée ? La France ne manque effectivement pas d'atouts, mais ne nous trompons pas de jugement. Le mal-être des Français est réel, et il grandit.

Des informations, disséquées par des milliers de chercheurs, de toutes disciplines, de tous pays, montrent que le bien-être dépend essentiellement de la *qualité des relations sociales*. C'est l'un des résultats les plus spectaculaires des recherches les plus récentes. Depuis l'après-guerre, la hausse considérable des niveaux de vie dans les pays industrialisés ne s'est, curieusement, pas accompagnée d'une hausse significative du bien-être. À ce compte, il n'y a guère de raisons de penser que la spécificité du mal français réside dans notre croissance en berne. Ces analyses confirment les impressions de Jean Fourastié, fin connaisseur de ces années d'après-guerre qu'il qualifia de « Trente Glorieuses ». Selon lui, nos ancêtres auraient été stupéfaits de constater que cette extraordinaire période de notre histoire, où le plus grand nombre a accédé au confort matériel, « ait pu être vécue dans la revendication hargneuse et, au mieux, dans la morosité[1] ». Un pouvoir d'achat qui s'accroît est un ingrédient du bonheur, mais ce n'est pas le plus important.

Ce livre porte un message et une conviction : la défiance est au cœur de notre mal. Elle détruit inexorablement notre lien social. Nous souffrons d'un manque de coopération et de réciprocité. Notre défiance n'est pas un héritage culturel immuable. Elle résulte d'un cercle vicieux qui nous distingue des autres pays.

Le fonctionnement hiérarchique et élitiste de l'école nourrit celui des entreprises et de l'État. Plus qu'ailleurs, notre école est en charge de la seule transmission du savoir, au détriment de l'apprentissage de la coopération. Plus qu'ailleurs, elle classe et trie les élèves. En conséquence, nos entreprises et les pouvoirs publics s'appuient surtout sur la hiérarchie pour gérer les ressources humaines. Ce mode de gestion renforce, en retour, l'école dans son rôle de machine à trier alors qu'elle devrait d'abord apprendre à nos enfants à travailler ensemble.

À cette fragmentation verticale se superpose une fragmentation horizontale, caractéristique des logiques corporatistes, où chaque groupe professionnel essaye de tirer au mieux parti du bien public, le plus souvent au détriment des autres. Ce n'est pas un hasard si la France est le pays des cinq cents niches fiscales.

Ne soyons pas pour autant désespérés. La défiance n'est pas immuable. Une multitude d'études et d'expériences à travers le monde le confirment : les pratiques pédagogiques, la qualité des pouvoirs publics ou

1. *Les Trente Glorieuses*, Fayard, coll. « Pluriel », 1979, p. 188.

encore la vitalité du dialogue social peuvent réactiver la confiance, indépendamment de l'histoire ou de la culture propres à chaque pays. Il n'y a donc pas de fatalité au « mal français ». Le déclin n'est pas inscrit dans nos gènes. Au contraire. La confiance se fabrique. C'est la bonne nouvelle de ce livre !

Néanmoins, la France s'est engagée sur une bien mauvaise pente au cours du dernier quinquennat. En axant le discours sur le pouvoir d'achat, en stigmatisant des catégories sociales ou ethniques, en multipliant les cadeaux fiscaux « ciblés », le pouvoir a encore plus divisé les Français. L'opacité, les conflits d'intérêts, les nominations sur ordre présidentiel ont dégradé la confiance envers les dirigeants. Il est urgent d'évoluer. Les recherches présentées dans cet ouvrage[1] montrent qu'il y a des relations systématiques entre le fonctionnement de l'école, celui des entreprises, de l'État et l'harmonie sociale. Cela nous aide à comprendre ce qui doit changer et comment. Il ne s'agit pas de s'inspirer d'un « modèle », qu'il soit japonais, allemand, suédois, démocrate, libéral, de gauche ou de droite. Il s'agit de repérer tout ce qui mine le lien social, mais aussi tout ce qui peut le renforcer pour nous redonner le goût de vivre ensemble. Si les prochains gouvernements ne font pas une priorité d'enclencher cet engrenage vertueux, toutes les tentatives de réformes auront le même effet qu'arroser un tas de sable en espérant y voir pousser des fleurs.

1. Pour ceux qui veulent en savoir plus, rendez-vous sur le site http://www.sciences-po.fr/lafabriquedeladefiance.

1

L'enfer, c'est les autres

Comment un huis clos dans une demeure spacieuse et confortable devient-il invivable ? C'est Estelle qui nous donne la réponse : « Vous allez voir comme c'est bête. Bête comme chou ! Il n'y a pas de torture physique, n'est-ce pas ? Et cependant, nous sommes en enfer [...] C'est bien ça ? En somme, il y a quelqu'un qui manque ici : c'est le bourreau. » Et Garcin acquiesce : « Je le sais bien. » Quant à Inès, elle confirme : « Le bourreau, c'est chacun de nous pour les deux autres[1]. » Ces propos expriment la substance du mal français. Incapables de nous estimer mutuellement, nous nous méfions de tout, des autres en général, des collègues, des supérieurs hiérarchiques, des fournisseurs, des patrons, des politiques, des entreprises, des riches et aussi des pauvres ! Le quotidien des Français ? « L'enfer... c'est les autres. »

Une société refermée sur elle-même

Lorsqu'on demande aux Français « d'une manière générale, peut-on faire confiance à la plupart des gens

1. Jean-Paul Sartre, *Huis clos*, Gallimard, 1947.

ou bien n'est-on jamais assez prudent quand on a affaire aux autres[1] ? », ils apparaissent particulièrement méfiants comparés au reste de la planète. Parmi les quatre-vingt-dix-sept pays couverts par les enquêtes du *World Values Survey*, la France se situe en queue de peloton, très précisément au 58e rang sur l'échelle de la confiance[2]. Au sein de l'OCDE, nous avons, avec le Portugal et la Turquie, la plus faible confiance. En revanche, en Norvège, en Suède et au Danemark, celle-ci est approximativement trois fois supérieure à la nôtre. Elle est également très inférieure à celle des États-Unis, de l'Angleterre, de l'Allemagne, et même de l'Espagne et de l'Italie.

On pourrait penser que ces disparités s'expliquent par des différences d'éducation, d'âge, de situation familiale, de revenu, de statut professionnel ou encore d'affiliation politique et religieuse. Mais ce n'est pas le cas.

La très grande défiance des Français a été étayée par de nombreux sociologues ou politistes spécia-

1. Les recherches en sciences humaines sur le « capital social » – la qualité des relations sociales dans une communauté – utilisent essentiellement cette question. Elles ont pour but de mesurer la confiance interpersonnelle dans une société. Sur ce point, voir notamment les travaux de l'un des pères fondateurs de la théorie du capital social, Robert Putnam, *Bowling Alone : The Collapse and Revival of American Community*, New York, Simon and Schuster, 2000.

2. En 2007, 22 % des Français déclarent faire confiance aux autres. Ces chiffres sont issus du *World Values Survey*, qui couvre 97 pays représentant près de 90 % de la population de la planète. Les moyennes sont très stables depuis le début des années 80. Il n'y a pas de données disponibles avant cette période.

lisés dans les comparaisons internationales des « valeurs[1] », à l'instar d'Olivier Galland, qui dresse un constat désenchanté : « Non seulement les Français sont nombreux à ne rien attendre des autres, mais ils adoptent eux-mêmes cette philosophie individualiste pour leur conduite personnelle. Ce comportement semble d'ailleurs logique : si l'on suppose que les autres sont indifférents à votre égard, pourquoi devrait-on tenir compte de leurs opinions ou de leurs actions dans la conduite de sa vie personnelle ? La défiance par indifférence réciproque s'entretient ainsi d'elle-même[2]. »

Défiance et individualisme

Ce sombre constat repose sur des enquêtes d'opinion. Mais que signifie exactement avoir confiance ? Les personnes qui déclarent faire confiance aux autres sont-elles *en pratique* plus coopératives ? La réponse est : oui, sans aucun doute. Pour en avoir la preuve, il est instructif d'observer le montant des ressources que

1. Sur ce sujet, voir Ronald Inglehart, *La Transition culturelle dans les sociétés industrielles avancées*, Economica, 1993 ; Pierre Bréchon, « Confiance à autrui et sociabilité : analyse européenne comparative », *Revue internationale de politique comparée*, vol. 10, 2003, et Pierre Bréchon et Jean-François Tchernia, « Les valeurs des Européens. Les tendances de long terme », *Futuribles,* n° 277, juillet-août 2002.

2. Olivier Galland, « La confiance dans les autres », dans *La France à travers ses valeurs*, sous la direction de Pierre Bréchon et Jean-François Tchernia, Armand Colin, 2009.

nous sommes prêts à mettre à la disposition des autres[1].

Tel est l'objet du « jeu de confiance » dans lequel un « envoyeur », doté d'une somme d'argent, peut décider de faire bénéficier un « receveur » de tout ou partie de cette somme. Il peut aussi décider de tout garder pour lui-même. Le montant envoyé est *triplé* par un arbitre extérieur puis remis au receveur. Celui-ci rend alors la part qu'il veut à l'envoyeur. Imaginons un envoyeur doté de 10 euros qui décide de transférer la totalité de ses 10 euros. Le receveur reçoit 3x10 = 30 euros. S'il est parfaitement équitable, il gardera 15 euros et retournera 15 euros à l'envoyeur. Tout le monde y gagne. Mais le receveur peut également décider de conserver la totalité des 30 euros. De même, l'envoyeur peut décider de ne pas faire confiance au receveur et garder ses 10 euros de départ. On mesure « la confiance en autrui » par le montant envoyé initialement par l'envoyeur et le « comportement de réciprocité » par le montant renvoyé par le receveur.

Ce jeu et ses multiples variantes, devenus l'alpha et l'oméga des sciences comportementales, ont été utilisés dans une très grande variété de situations,

---

1. Cette approche permet d'évaluer la confiance suivant la définition de James Coleman : « Un individu est confiant s'il met des ressources à disposition d'une autre partie, en l'absence d'un contrat formel, en espérant en retirer des bénéfices. » James Coleman, *Foundations of Social Theory*, Harvard University Press, 1990. La défiance exprimée dans ces enquêtes et ces jeux mesure la peur d'être trahi dans les relations de coopération mutuellement bénéfiques. Elle ne traduit pas un esprit critique, qualité par ailleurs essentielle, mais déconnectée de la défiance mesurée ici.

concernant des étudiants de Harvard, des membres de tribus d'Amazonie, en passant par des acheteurs sur des sites de commerce en ligne ou de grands échantillons représentatifs de la population de pays occidentaux[1]. Ces expériences montrent que la confiance déclarée dans les enquêtes est bien corrélée avec la coopération et la réciprocité observées dans ces jeux. Il apparaît aussi que les personnes qui se montrent plus confiantes dans ces jeux remboursent beaucoup plus fréquemment leurs emprunts[2] ou encore développent plus souvent des logiciels gratuits tels que Mozilla Firefox ou Linux[3].

---

1. Les premières expériences de ce genre ont été menées auprès d'étudiants, voir E. Glaeser, Laibson, Sheickman et Soutter, « Measuring Trust », *The Quarterly Journal of Economics*, 115 (3), 2000, pp. 811-846 ; Lisa R. Anderson, Jennifer M. Mellor et Jeffrey Milyo, « Social Capital and Contributions in a Public-Goods Experiment », *American Economic Review*, 94 (2), 2004, pp. 373-376. Par la suite, ces expériences ont été menées auprès d'échantillons représentatifs de la population anglaise (voir J. Ermish, D. Gambetta, H. Laurie, T. Siedler et N. Uhrig , « Measuring People's Trust », *ISER working paper* 2007) et de la population allemande (voir Fehr, Fischbacher, Schupp, von Rosenbladt et Wagner, « A Nation-Wide Laboratory. Examining Trust and Trustworthiness by integrating behavioral experiments into representative surveys », *CESifo Working Paper* 2003).

2. Dean Karlan, « Using Experimental Economics to Measure Social Capital and Predict Financial Decisions », *American Economic Review*, 95 (5), 2005, pp. 1688-1699.

3. Yann Algan, Emeric Henry et Yochai Benkler, « Trust in Open Softwares », document de travail Sciences-Po, 2011.

Des expériences éclairantes

L'autre enseignement fondamental de ce jeu et des études qui en dérivent est qu'il n'y a pas de coopération sans réciprocité. Robert Cialdini, chercheur en psychologie de l'université d'Arizona, a envoyé au hasard des cartes de vœux à des centaines d'inconnus. La grande majorité de ces inconnus lui répondirent[1]. Robert Cialdini illustre ainsi que les êtres humains ont développé des réflexes *automatiques* de réciprocité, qui les poussent à répondre à un don par un don, à un prêté par un rendu. Nous punissons en revanche l'absence de coopération en appliquant la maxime « œil pour œil, dent pour dent ». Si vous êtes égoïste, je le serai aussi. Comme le résumait avec humour Yogi Berra, un grand joueur de baseball américain aussi célèbre pour ses frappes que pour ses aphorismes : « Allez toujours aux funérailles des autres, si vous voulez qu'ils viennent aux vôtres. »

Un autre exemple éclairant de la relation entre confiance et coopération est donné par notre disposition à payer nos impôts. Supposez que vous receviez maintenant, non pas une carte de vœux mais une lettre des autorités fiscales qui vous indique que vos concitoyens s'acquittent correctement de leurs impôts. Seriez-vous plus enclin à payer les vôtres ? C'est ce qu'a cherché à savoir l'État du Minnesota en envoyant des lettres pour lutter contre la fraude

1. Robert Cialdini, *Influence : Science and Practice*, Boston, Allyn et Bacon, 2001.

fiscale[1]. Une première lettre, destinée à un groupe de vingt mille contribuables sélectionnés de façon aléatoire, indiquait que « les taxes que vous payez servent à financer des services dont bénéficient les habitants du Minnesota. Plus de 30 % des taxes financent l'éducation, 18 % sont dépensés pour la santé, l'aide aux personnes âgées et les personnes dans le besoin. Les collectivités locales obtiennent environ 12 % des taxes pour financer les services tels que la justice, l'entretien des parcs, des bibliothèques... Par conséquent, quand les contribuables ne paient pas leur dû, l'ensemble de la communauté en pâtit ».

Une seconde lettre, expédiée à un autre groupe de vingt mille contribuables, également sélectionnés de façon aléatoire, mentionnait que « selon une récente enquête d'opinion, de nombreux habitants du Minnesota croient que les fraudes fiscales sont fréquentes. Cependant, cette croyance est erronée. Les audits réalisés par les services des impôts montrent que les personnes qui déclarent leurs impôts le font correctement et acquittent volontairement 93 % des taxes qu'elles doivent. La plupart des contribuables remplissent leur déclaration correctement et aux dates exigées. Bien que quelques contribuables commettent des erreurs mineures, un petit nombre de contribuables qui trichent délibérément sont responsables de la principale partie des taxes non payées ».

La comparaison des revenus déclarés par les deux groupes de contribuables révèle que la seconde lettre

---

1. Stephen Coleman, *The Minnesota Income Tax Compliance Experiment : State Tax Results*, Minnesota Department of Revenue, 1996.

a réduit l'évasion fiscale, tandis que la première n'a eu aucun effet.

Cette expérience illustre parfaitement l'influence du comportement d'autrui sur l'individualisme : un contribuable paye d'autant plus ses impôts qu'il pense que les autres payent les leurs. Bien entendu, ce qui s'observe sur les recettes est aussi vrai pour les dépenses : chacun est plus enclin à abuser des transferts sociaux s'il croit que les autres en abusent. Dans ces circonstances, le délabrement des comptes publics des pays du sud de l'Europe, caractérisés par une confiance faible, n'est pas étonnant. La difficulté à lever l'impôt et la tendance à abuser des transferts sociaux minent l'efficacité de l'État-providence[1] et peuvent entraîner une perte de contrôle des budgets publics.

Distances sociales et hiérarchie

Notre réserve envers les autres s'accompagne d'une perception de la société marquée par de fortes distances sociales et une faible réciprocité. Interrogés sur la stratification de leur société, deux Français sur trois la considèrent organisée de façon pyramidale avec une petite élite au sommet, une petite classe moyenne, et la majorité des citoyens en bas de l'échelle sociale. Parmi les habitants des pays occidentaux interrogés

1. Yann Algan, Pierre Cahuc et Marc Sangnier, *Efficient and Inefficient Welfare States*, Institute for the Study of Labor, IZA, DP 5445, 2011.

sur cette question, nous sommes les seuls avec les Portugais à avoir une vision si affirmée d'une *société hiérarchique.* Ce sentiment est beaucoup moins répandu dans les pays nordiques où les inégalités de revenus sont plus faibles que chez nous, mais aussi en Allemagne et en Espagne où elles sont comparables, et même aux États-Unis où elles sont pourtant plus importantes[1]. Ainsi, au-delà de la perception des inégalités de revenus, les Français ont surtout l'impression de vivre dans une société hiérarchisée selon des statuts. Dans la majorité des autres pays occidentaux, c'est surtout la vision d'une société principalement composée de « classes moyennes » qui prédomine.

La sensation de vivre dans une telle société s'accompagne du sentiment que la concurrence est déloyale et que les règles sont systématiquement contournées. Ainsi, nous suspectons particulièrement les riches et

1. Ces résultats sont issus de l'enquête *International Social Survey Program* de 1999 consacrée aux inégalités. Cette enquête couvre 24 pays, dont 16 pays occidentaux (pays d'Europe de l'Est non inclus). Les personnes interrogées doivent choisir la stratification sociale qui correspond le mieux à leur société parmi les cinq représentations suivantes : a) « Une petite élite au sommet, très peu de personnes au milieu, et la grande majorité en bas de l'échelle », b) « Une petite élite au sommet, quelques personnes au milieu, et la majorité en bas de l'échelle », c) « Une petite élite au sommet, la majorité au milieu, et très peu de personnes en bas de l'échelle », d) « Une société où la grande majorité des individus appartiennent à la classe moyenne », e) « La grande majorité au sommet, et très peu de personnes en bas de l'échelle ». Nous regroupons les réponses a) et b) pour décrire une société pyramidale, et les réponses c) et d) pour décrire une société de classes moyennes.

nos élites de ne respecter aucune règle : 52 % des Français estiment que, « de nos jours, on ne peut arriver au sommet sans être corrompu », alors que cette part n'excède pas 20 % aux États-Unis, en Angleterre ou en Norvège. Mais nous ne sommes pas plus cléments envers les « pauvres » : près d'un Français sur deux pense que la plupart des chômeurs ne font pas de véritables efforts pour trouver un emploi, alors que seuls 15 % des Suédois, 18 % des Danois, 30 % des Espagnols, ou encore 35 % des Allemands, partagent ce point de vue[1].

Le sentiment de ne pas appartenir à une même communauté se manifeste de façon inquiétante dans la vie professionnelle également. Moins d'un Français sur quatre est prêt à travailler davantage que ce qui lui est demandé afin d'aider son entreprise ou son organisation à réussir[2]. C'est de loin la proportion la plus faible parmi l'ensemble des quinze pays occidentaux interrogés. En moyenne, dans les autres pays, près de deux

---

1. Ces données sont issues de l'European Social Survey 2002-2009. Selon cette même enquête, 62 % des Français pensent que « la plupart de leurs concitoyens essayent d'obtenir des services et des allocations auxquels ils ne sont pas éligibles », contre 20 % qui sont d'un avis contraire et 18 % sans avis tranché sur la question. Parmi les 11 pays de l'Europe de l'Ouest recensés, les Français se classent dans le trio de tête des opinions négatives sur l'utilisation des allocations par leurs concitoyens, avec l'Allemagne et l'Angleterre. En comparaison, seuls 32 % des Danois pensent que leurs concitoyens essayent de bénéficier de façon indue d'allocations, soit deux fois moins qu'en France.

2. Andrew Clark, « Promouvoir la réciprocité dans le travail », dans Ph. Askenazy et D. Cohen (dir.), *16 nouvelles questions d'économie contemporaine*, Albin Michel, 2010.

personnes sur trois déclarent vouloir travailler plus pour aider l'institution dans laquelle elles sont employées. C'est presque trois fois plus que chez nous ! Pour comprendre ce divorce dans l'entreprise, il faut tenir compte du fort sentiment d'injustice dans la valorisation du travail : plus d'un Français sur deux considère qu'il n'est pas payé correctement étant donné ses efforts et la qualité de son travail. Parmi les pays occidentaux, les Français sont, avec les Portugais, ceux qui se sentent le moins récompensés des efforts qu'ils fournissent au travail[1]. À ce compte, il n'est pas étonnant que nous affichions le plus haut niveau de conflit entre employés et managers au sein des pays d'Europe de l'Ouest[2].

Défiance envers les institutions

Non contents de nous méfier de nos collègues de travail, des riches et des pauvres, nous sommes aussi particulièrement critiques envers la démocratie représentative, nos élus et les partis politiques[3]. Près de

1. International Social Survey Program, Work Orientations III, 2005.

2. Lucie Davoine et Dominique Méda, « Place et sens du travail en Europe : une singularité française ? », document de travail du Centre d'étude de l'emploi, n° 96, 4 février 2008.

3. Selon l'*European Social Survey*, 71 % des Français disent avoir une faible confiance dans le Parlement, contre 58 % en moyenne dans dix-huit autres pays d'Europe. Le taux de défiance envers le Parlement en France est largement plus élevé que celui manifesté au Danemark (34 %) ou en Finlande (37 %), ou dans des pays d'Europe continentale comme l'Autriche (61 %) ou la

deux Français sur trois déclarent se méfier de la justice. C'est la défiance la plus élevée parmi les pays d'Europe occidentale, après l'Espagne et le Portugal. Près des deux tiers des Français se déclarent insatisfaits du fonctionnement de leur démocratie[1] et ils sont autant à penser que « les élus et les dirigeants politiques » sont corrompus[2]. C'est surtout la collusion entre les milieux politiques et les milieux d'affaires qui est dénoncée.

Serions-nous des râleurs patentés, prompts à tout rejeter en bloc ? Un tel raccourci serait bien trompeur. Les Français sont beaucoup plus satisfaits du fonctionnement de certaines institutions que d'autres, ce qui invalide les explications culturalistes de notre méfiance. En particulier, nous sommes parmi les Européens les plus satisfaits de leur système de santé. En revanche, nous

---

Belgique (60 %), mais aussi dans les autres pays de l'Europe méditerranéenne comme l'Espagne (58 %) ou l'Italie (60 %). Les Français ne font pas plus confiance aux hommes politiques et aux partis politiques : 82 % déclarent avoir une faible confiance dans les politiciens et 87 % affirment ne pas faire confiance aux partis politiques. L'*European Social Survey* est une enquête internationale qui mesure les valeurs des Européens depuis 2002, dans une trentaine de pays. Tous les deux ans, un questionnaire identique est administré dans les différents pays européens, sur des échantillons représentatifs d'en moyenne deux mille personnes par pays. Cette enquête présente de nombreux avantages. Elle couvre des échantillons représentatifs des populations et apporte un soin particulier à la comparabilité des questions entre les différents pays.

1. Selon l'*European Values Survey* de 2008, 60 % des Français se déclarent insatisfaits du fonctionnement de la démocratie.

2. Pierre Lascoumes, *Une démocratie corruptible*, Le Seuil, coll. « La République des idées », 2010.

n'avons pas une grande confiance envers les syndicats[1] et nous avons une opinion encore plus négative de nos entreprises et en particulier des banques[2]. La crise financière a pu accentuer la défiance vis-à-vis de certains acteurs de la vie économique, mais il s'agit d'une tendance profonde qui persiste depuis fort longtemps[3].

Désolation

Notre défiance ne diminue pas seulement notre propension à coopérer. Les personnes moins confiantes sont aussi en moins bonne santé physique et mentale[4]. Elles sont surtout moins heureuses. Ainsi, une personne ayant égaré son portefeuille contenant 150 euros et ses

---

1. Seuls 35 % d'entre nous faisons confiance aux syndicats en 2011, voir *Les Cahiers du Cevipof*, n° 54, juillet 2011.

2. En 2011, nous sommes 78 % à ne pas faire confiance aux banques, 61 % à ne pas faire confiance aux grandes entreprises privées et 54 % à nous défier des grandes entreprises publiques. Voir *ibid.*

3. L'enquête du *World Values Survey* montre que nous étions 66 % à exprimer notre faible confiance dans les grandes entreprises au début des années 80.

4. I. Kawachi et L. F. Berkman, « Social Cohesion, Social Capital and Health », dans L. F. Berkman et I. Kawachi (dir.), *Social Epidemiology*, New York, Oxford University Press, 2000, pp. 174-190. W. Yip, S. V. Subramanian, A. D. Mitchell, D. T. Lee, J. Wang et I. Kawachi, « Does Social Capital Enhance Health and Well-Being ? Evidence from Rural China », *Social Science & Medicine*, 2007, vol. 64, pp. 35-49. T. Fujiwara et I. Kawachi, « Social Capital and Health, A Study of Adult Twins in the U.S. », *American Journal of Preventive Medicine*, 35 (2), 2008, pp. 139-144. D. Fiorillo et F. Sabatini, « Structural Social Capital and Health in Italy », *MPRA Paper* n° 32392, 2008.

papiers d'identité, et qui pense qu'on ne les lui rapportera pas, se déclare nettement moins satisfaite de sa vie en général qu'une personne qui estime qu'elle pourra tout récupérer. John Helliwell et Shun Wang évaluent à deux tiers l'accroissement de revenu nécessaire pour compenser la perte de bien-être associée au fait de penser que personne ne rapportera votre portefeuille et vos papiers[1]. Deux tiers, c'est énorme. Pourtant, cette proportion est vraisemblable, car l'enjeu n'est pas seulement le portefeuille et son contenu, mais la *qualité des relations sociales*. Penser que personne ne rapportera le portefeuille, c'est penser vivre dans un environnement hostile où chacun ne s'intéresse qu'à soi. John Helliwell estime ainsi que la différence des niveaux de bien-être entre le Danemark et la France s'explique principalement par la plus faible confiance dont font preuve les Français[2].

Ce constat se vérifie également dans le monde du travail. On a demandé à des salariés canadiens de noter la confiance qu'ils ont envers leurs dirigeants sur une échelle allant de 1 à 10. La hausse d'un degré sur l'échelle de la confiance envers les managers a le même effet sur la satisfaction dans la vie d'un salarié qu'une hausse de 30 % de son revenu[3] ! Ces chiffres laissent

1. John Helliwell et Shun Wang, « Trust and Well-Being », *NBER Working Paper* n° 15911, 2010.

2. John Helliwell, « Well-Being and Social Capital : Does Suicide Pose a Puzzle ? », *Social Indicators Research*, 2007, vol. 81, pp. 455-96.

3. John Helliwell, Haifang Huang et Robert Putnam, « How's the Job ? Are Trust and Social Capital Neglected in Workplace Investments ? », dans Viva Bartkus et Jim Davis (dir.), *Social Capital, Reaching Out, Reaching In*, Edward Elgar, 2009.

songeur. Ils montrent l’énorme source de stress subie par les Français du fait de la défiance entre salariés et managers, la plus élevée de tous les pays occidentaux.

L’examen de nos réactions physiologiques permet de mieux cerner l’importance de ces relations. Imaginez que vous participiez au « jeu de confiance », mais que l’on mesure maintenant le niveau d’ocytocine dans votre sang. L’ocytocine est un neurotransmetteur sécrété par notre système limbique, la partie émotionnelle de notre cerveau qui commande le plaisir ou la peur. L’ocytocine est appelée « hormone de l’amour » ou « hormone du bonheur », car sa production augmente dans des situations de plaisir et de contact avec les autres, tels que l’allaitement maternel ou les ébats amoureux, et diminue dans les situations de stress et d’angoisse. Paul Zak[1] et son équipe ont cherché à savoir si la confiance et la réciprocité étaient également liées à cette hormone de l’amour. Pour cela, ils ont repris le jeu en mesurant le niveau d’ocytocine dans le sang du receveur lorsqu’il constate que l’envoyeur lui a fait confiance en lui transférant une somme importante. Les résultats indiquent que la confiance « produit » du bonheur : plus la confiance signalée est élevée – c’est-à-dire plus le transfert monétaire est élevé ,
plus le niveau d’ocytocine augmente dans le sang du receveur.

1. Paul Zak, Robert Kursban et William Matzner, « The Neurobiology of Trust », *Annals of the New York Academy of Sciences*, n° 1032, 2004, pp. 224-227 ; voir aussi Michael Kosfeld, Markus Heinrichs, Paul Zak, Urs Fischbacher et Ernst Fehr, « Oxytocin Increases Trust in Humans », *Nature*, 2005, n° 435, pp. 673-676.

Paul Zak a aussi expérimenté une variante particulièrement instructive, dans laquelle le receveur bénéficie d'un transfert monétaire émanant non plus d'une personne réelle mais d'une loterie. Dans cette variante, le niveau d'ocytocine n'augmente pas avec l'argent reçu. Ce résultat illustre bien que c'est la confiance qui est associée à un sentiment de bonheur, et non le fait de recevoir de l'argent. Dans une autre variante, la moitié des participants inhalent un spray contenant de l'ocytocine avant de jouer. Ces derniers font beaucoup plus confiance aux autres (ils envoient des sommes plus élevées aux receveurs) que ceux qui n'ont rien inhalé… et ils décident beaucoup plus souvent de reverser l'ensemble des gains à la Croix-Rouge[1].

Le contraire de la confiance n'est pas seulement la défiance, mais l'angoisse et la terreur existentielle[2]. Les sociétés préindustrielles étaient marquées par des risques mortels, comme la sécheresse ou les épidémies, qui relevaient de la *fortuna*, de la responsabilité des dieux et non des hommes. C'était donc surtout la

1. Ces résultats ont été confirmés par l'imagerie cérébrale. Lorsque les participants au « jeu de confiance » s'aperçoivent que les autres ne coopèrent pas, la partie du cortex insulaire de leur cerveau s'illumine. Cette partie du cerveau est connue pour être active dans nos moments de douleur et de dégoût. Voir A.G. Sanfey, J.K. Rilling, J.A. Aronson, L.E. Nystrom et J.D. Cohen, « The Neural Basis of Economic Decision-making in the Ultimatum Game », *Science*, n° 300, 2003, pp. 1755-1758.

2. Anthony Giddens, *Les Conséquences de la modernité*, L'Harmattan, 2000.

foi et non la *confiance* qui importait pour apaiser les angoisses humaines. La société moderne offre une image inversée : la majorité des risques sont perçus comme relevant directement de l'action des hommes et c'est pourquoi nos sociétés modernes sont aussi fortement anxiogènes[1]. Pouvoir faire confiance aux autres, pouvoir croire en la capacité des autorités publiques à réguler des risques tant économiques (crise financière, fermeture d'entreprises…) qu'environnementaux (Tchernobyl, Fukushima…) et sanitaires (crise de la vache folle, grippe H1N1…), permet de surmonter nos angoisses les plus profondes.

1. Ulrich Beck, *La Société du risque : sur la voie d'une autre modernité*, Flammarion, coll. « Champs », 2003.

2

Et si on était riche ?

Et si nous étions tous riches ? Si nos revenus étaient multipliés par deux du jour au lendemain ? Serions-nous plus heureux ? On peut en douter. Aujourd'hui nous sommes dix fois plus riches, travaillons deux fois moins et vivons trente ans de plus qu'il y a seulement un siècle[1]. Comment se fait-il, dans ces conditions, qu'une si grande partie d'entre nous soient si peu satisfaits de leur vie alors que nous bénéficions d'une aisance matérielle et d'un état de santé inimaginables il y a un siècle ?

Une mystérieuse équation

Pour ceux qui ont un faible revenu, l'état de santé, l'espérance de vie et le bien-être[2] augmentent avec leurs ressources. Les plus pauvres se déclarent plus stressés, plus anxieux et moins satisfaits de leur

1. Sur ces points, voir Jacques Marseille, *L'Argent des Français : les chiffres et des mythes*, Perrin, 2009.

2. Le bien-être est évalué grâce à des enquêtes qui posent des questions comme : « Êtes-vous heureux ces jours-ci ? » ou : « Êtes-vous satisfait de votre vie en général ? ». Les réponses s'échelonnent de 1 pour « Très insatisfait » ou « Très malheureux », à 10 pour « Très satisfait » ou « Très heureux ». Ces réponses sont

vie[1]. Si nous avons des difficultés à joindre les deux bouts en fin de mois et à payer notre nourriture, notre logement, nos soins médicaux ou l'éducation de nos enfants, notre bien-être se réduit fortement. Mais cette relation s'estompe au fur et à mesure que le revenu augmente. Aux États-Unis, par exemple, le bien-être ne s'accroît plus quand le revenu dépasse l'équivalent de 3 500 euros par mois[2]. De même, l'enrichissement des pays de l'OCDE depuis la Seconde Guerre mondiale n'a pas eu d'effets sur ce plan. C'est le « paradoxe d'Easterlin », du nom de celui qui a découvert cette relation distendue entre bien-être et richesse[3].

---

subjectives. De nombreuses études montrent qu'elles sont néanmoins très corrélées à des indicateurs objectifs du bien-être, comme la santé. Voir sur ce point l'ouvrage de Richard Layard, *Happiness : Lessons from a New Science*, The Penguin Press, 2005, et les références citées dans ce chapitre.

1. Cette relation se dégage par exemple des observations de l'*European Social Survey* 2008-2009. Voir sur ce point l'étude de Claudia Senik, « Peut-on dire que les Français sont malheureux ? », dans Ph. Askenazy et D. Cohen (dir.), *16 nouvelles questions d'économie contemporaine*, *op. cit.*

2. Daniel Kahneman et Angus Deaton, « High Income Improves Evaluation of Life but not Emotional Well-being », *Proceeding of the National Academy of Sciences of the United States of America*, août 2010. Voir aussi Richard Layard, *Happiness : Lessons from a New Science*, *op. cit.*, et Richard Wilkinson et Kate Pickett, *The Spirit Level, Why More Equal Societies Almost Always Do Better*, Penguin Books, 2009.

3. Richard Easterlin, « Does Economic Growth Improve the Human Lot ? », dans Paul A. David et Melvin W. Reder (dir.), *Nations and Households in Economic Growth : Essays in Honor of Moses Abramovitz*, New York, Academic Press, 1974. Plus

Mais le niveau de vie ne suffit pas à expliquer la spécificité du mal-être français. Ces dix dernières années, nous nous trouvons systématiquement dans la partie basse de l'échelle de la satisfaction, par rapport aux pays dont le niveau de vie est comparable, à égalité avec les Grecs[1]. Un Français sur cinq est insatisfait de sa vie, ce qui est dix fois plus qu'au Danemark, trois fois plus qu'en Hollande et en Belgique, deux fois plus qu'en Italie ou en Angleterre, ou encore une fois et demie plus que nos voisins allemands. Seuls les habitants des pays de l'Est et les Portugais sont plus insatisfaits. En outre, s'il arrive aux Français d'être plutôt heureux de leur situation personnelle, ils sont en revanche systématiquement insatisfaits de la situation de leur pays en général, signe que notre malaise est avant tout social. Ce constat est confirmé par Jean-Paul Delevoye, médiateur de la République, qui recense à ce titre toutes les plaintes des citoyens dans leurs relations avec l'admi-

précisément, le paradoxe d'Easterlin indique qu'il n'y a pas de relation à long terme entre le revenu et le bien-être moyen d'un pays au-delà d'un certain seuil franchi par les pays industrialisés depuis plusieurs décennies.

1. Les données sont issues de l'*European Social Survey* 2002-2009. La question posée est : « Dans l'ensemble, êtes-vous satisfait ou insatisfait de votre vie ? » Les réponses s'échelonnent entre 0 pour « Très insatisfait » et 10 pour « Très satisfait ». Nous avons classé les réponses en trois grands groupes : les insatisfaits (réponses entre 0 et 4), les moyennement satisfaits (réponses de 5 à 7), et les satisfaits (réponses de 8 à 10). Les personnes ont toujours tendance à choisir des scores relativement élevés dans ce type d'enquêtes sur la satisfaction dans la vie. Lors de cette enquête, 21 % des Français se disent très insatisfaits, 40 % se disent moyennement satisfaits, et 39 % très satisfaits.

nistration, lors de la remise de son rapport sur l'état de la société française en 2011 : « Je suis inquiet, car je perçois une société qui se fragmente, où le chacun pour soi remplace l'envie de vivre ensemble. Cette société est en grande tension nerveuse, comme si elle était fatiguée psychiquement. »

L'insatisfaction des Français est loin d'être superficielle. Et les conséquences sont graves. À la question : « Combien de fois vous êtes-vous senti angoissé au cours de la semaine passée ? », près de deux Français sur trois déclarent s'être sentis angoissés au moins quelques fois au cours de la semaine. C'est trois fois plus que les Danois et les Allemands, et deux fois plus que les Espagnols. Globalement, les habitants des pays nordiques présentent beaucoup moins d'affects émotionnels négatifs, et sont suivis par les pays d'Europe continentale. Seuls les habitants des pays de l'Est subissent des troubles psychologiques plus élevés que les Français[1].

1. Les personnes interrogées dans la vague 2008-2009 de l'*European Social Survey* sont invitées à indiquer combien de fois elles ont éprouvé les sensations suivantes au cours de la semaine précédente : se sentir déprimé, ressentir toute action comme un effort, avoir des insomnies, se sentir heureux, se sentir triste, se sentir plein d'énergie, se sentir angoissé, se sentir apaisé, s'ennuyer, se sentir concentré. Les réponses possibles sont « Jamais ou presque jamais », « Parfois », « La plupart du temps », « Tout le temps ou presque tout le temps ». Ces questions servent à construire des indicateurs de santé mentale utilisés par les psychiatres pour établir des échelles de dépression (connues sous le nom d'échelles de Radloff). Les chiffres du texte correspondent à la part des

Ces chiffres confirment les résultats de la première grande étude sur la santé mentale des Européens[1] conduite entre 2001 et 2003 dans six pays : la Belgique, la France, l'Allemagne, l'Italie, les Pays-Bas et l'Espagne. Les Français se classent à chaque fois en tête pour les symptômes d'angoisse, de dépression ou de troubles psychologiques. C'est en France que la proportion de personnes ayant connu un épisode dépressif au cours de leur vie est la plus élevée. L'occurrence d'épisodes dépressifs touche un Français sur cinq, contre un habitant sur dix en moyenne dans les autres pays[2] ! L'importance de notre consommation médicale est aussi un indice de la gravité de la situation. Dans l'Union européenne, la France se classe au 3e rang des plus grands consommateurs d'antidépresseurs[3]. La fréquence des sui-

---

personnes qui déclarent avoir éprouvé ces affects « Parfois », « La plupart du temps », ou « Tout le temps ou presque tout le temps ».

1. European Study of the Epidemiology of Mental Disorders. Ces résultats sont aussi confirmés par les enquêtes Gallup, voir : http://www.gallup.com/poll/wellbeing.aspx. Voir aussi le très intéressant rapport du Conseil d'analyse stratégique, n° 24, La Santé mentale, l'affaire de tous, publié en 2010.

2. Voir l'étude de très vaste ampleur, réalisée en collaboration avec l'Organisation mondiale de la santé et fondée sur plus de 89 000 interviews en face à face dans 18 pays entre 2000 et 2007, qui aboutit à une conclusion similaire : Evelyn Bromet *et al.*, « Cross-national Epidemiology of DSM-IV Major Depressive Episode », *BMC Medicine*, 26 juillet 2011, http://www.biomedcentral.com/1741-7015/9/90. Les résultats de cette étude tiennent compte des disparités sociodémographiques entre pays. La description des interviews peut être consultée sur http://www.hcp. med.harvard.edu/wmhcidi/.

3. Données issues de l'enquête Eurobarometer 2010 : « Mental Health », voir : http://ec.europa.eu/health/mental_health/docs/ebs_345_en.pdf.

cides constitue ainsi un indice supplémentaire, particulièrement préoccupant. En Europe de l'Ouest, la France se classe en tête des suicides ou tentatives de suicide chez les femmes, et en seconde position chez les hommes[1]. Plus alarmant, notre détresse psychologique a progressé au cours de ces dernières décennies. Et elle touche des populations de plus en plus jeunes. Entre 1991 et 2005, le pourcentage de la population francilienne déclarant avoir déjà connu des symptômes dépressifs a été multiplié par trois[2]. Les catégories les plus touchées par ces risques sont de plus en plus souvent les jeunes qui rentrent dans la vie active, alors qu'il s'agissait des personnes âgées dans le passé. Cette évolution souligne la dimension sociale du phénomène, avec des jeunes qui font maintenant face à des risques socio-économiques beaucoup plus importants que les personnes âgées.

Mais si nous sommes malheureux et angoissés, ce n'est pas une question de niveau de vie. Tout d'abord, le revenu par habitant en France est équivalent à celui

1. Ces chiffres proviennent du rapport de la Commission européenne, « The State of Mental Health in the European Union », 2004. Le classement rapporte les suicides ou les tentatives de suicide à la taille de la population. Voir : http://ec.europa.eu/health/archive/ph_projects/2001/monitoring/fp_monitoring_2001_frep_ 06_en.pdf.

Cette étude est considérée comme l'une des plus pertinentes dans le domaine médical car elle a l'avantage d'harmoniser la façon dont les différents pays comptabilisent les suicides.

2. V. Kovess-Masféty, X. Briffault et D. Sapinho, « Prevalence, Risk Factors and Use of Health Care in Depression : A Survey in a Large Region of France between 1991 and 2005 », *The Canadian Journal of Psychiatry*, vol. 54, n° 10, 2009.

de nos principaux partenaires européens tels que l'Allemagne, l'Angleterre, la Belgique, l'Espagne ou encore l'Italie[1]. Notre taux de pauvreté, s'il reste encore trop élevé, est néanmoins l'un des plus faibles des pays occidentaux[2]. Ensuite, la France est le pays d'Europe où la hausse du revenu se traduit par la plus faible hausse de satisfaction chez les salariés[3]. Il ne faut donc pas chercher les causes de notre mal-être dans un revenu ou une pauvreté qui nous distingueraient de nos principaux voisins.

---

1. En 2009, le revenu annuel par habitant en France était de 25 400 euros, au-dessus de la moyenne européenne (23 600 euros). Le niveau de revenu par habitant est sensiblement plus élevé en Allemagne (27 400 euros) ou en Angleterre (26 600 euros). Ces données sont exprimées en « parité de pouvoir d'achat », elles tiennent compte des différences du coût de la vie. Elles proviennent de la base Eurostat 2009.

2. Le taux de pauvreté est défini comme la part des personnes dont le niveau de vie est inférieur à 60 % du niveau de vie médian, c'est-à-dire du niveau de vie qui partage la population française en deux. Le seuil de pauvreté est de 954 euros par mois pour une personne seule en 2009 : 8,17 millions de Français vivent en dessous de ce seuil en 2009, soit un taux de pauvreté de 13,5 %. Selon les dernières comparaisons européennes disponibles pour l'année 2008, la France a un taux de pauvreté de 13,1 %, très inférieur au taux moyen en Europe, qui est de 17 %. La France se classe parmi les pays où le taux de pauvreté est le plus faible, juste derrière des pays nordiques comme le Danemark et la Suède (12 %). Par comparaison, le taux de pauvreté est de 15 % en Allemagne, 19 % en Italie et au Royaume-Uni, et 20 % en Espagne et en Italie. Ces données proviennent de la base Eurostat 2008.

3. Claudia Senik, « Peut-on dire que les Français sont malheureux ? », dans Ph. Askenazy et D. Cohen, *16 nouvelles questions d'économie contemporaine*, *op. cit.*

Revenu absolu et relatif

Jules Renard avait coutume de dire : « Il ne suffit pas d'être heureux, encore faut-il que les autres ne le soient pas. » Nos connaissances actuelles ne lui donnent pas, hélas, complètement tort. Dans les pays « riches », comme la France, nous savons que c'est moins le *niveau absolu* du revenu que sa *valeur relative* qui explique le bien-être pour la grande majorité de la population. Nous accordons une importance particulière au statut relatif, à notre position sur l'échelle sociale, et notre bien-être se détériore lorsque notre « place » se dégrade. Diverses expériences permettent de le constater. Ainsi, notre bien-être diminue quand nos voisins deviennent plus riches. On estime même qu'une augmentation du revenu de nos voisins a le même effet négatif sur notre bien-être qu'une diminution du même montant de notre propre revenu[1] ! Notre situation au sein de notre propre famille influence aussi notre bien-être. À revenu inchangé, nous sommes d'autant plus satisfaits de notre emploi que nous gagnons davantage que les autres membres de la famille[2]. Comme le dit l'adage : « Un homme riche est un homme qui gagne 100 dollars de plus que son beau-frère. »

Il en va de même avec nos collègues de travail. Supposons que nous devions choisir entre deux offres

1. Erzo Luttmer, « Neighbors as Negatives : Relative Earnings and Well-Being », *Quarterly Journal of Economics*, 120 (3), août 2005, pp. 963-1002.

2. Andrew Clark, « Job Satisfaction in Britain », *British Journal of Industrial Relations*, vol. 34, 1996, pp. 189-217.

d'emploi. Dans la première entreprise, nous gagnons 2 500 euros par mois alors que nos collègues perçoivent 2 000 euros. Dans la seconde entreprise, nous gagnons 3 000 euros par mois, mais nos collègues sont payés plus que nous, à 3 500 euros. Dans ce genre de situation, la majorité d'entre nous choisissent la première offre d'emploi avec un revenu plus faible, mais avec une meilleure position relative[1]. Surprenant mais vrai. Notre revenu relatif est donc une composante de notre statut social qui influe sur notre satisfaction, mais ce n'est pas la seule. Une grande enquête sur les employés anglais montre que, à revenu identique, la satisfaction au travail augmente avec le rang dans la hiérarchie de l'entreprise et le respect que suscite notre fonction[2]. Les entreprises l'ont d'ailleurs bien compris. Pour nous motiver, elles préfèrent en général changer le titre associé à nos fonctions en une appellation plus pompeuse, plutôt que d'augmenter nos salaires. C'est souvent tout aussi efficace pour notre motivation, mais plus économique !

Voisins, collègues de travail, amis, membres de la famille… en fin de compte, c'est le « comparatisme social » qui affecte de façon cruciale notre bien-être, beaucoup plus que la valeur absolue de notre revenu. L'exemple du chômage est très révélateur. La dégra-

1. Sarah Solnik et David Hemenway, « Is More Always Better than Others ? A Survey on Positional Concerns », *Journal of Economic Behavior and Organization*, vol. 37, 1998, pp. 373-383.

2. G. Brown, J. Gardner, A.J. Oswald et J. Qian, « Does Wage Rank Affect Employees'Wellbeing ? », University of Warwick, Mimeo, 2006.

dation du bien-être frappant les personnes qui perdent leur emploi est davantage causée par le coût psychologique associé au statut de chômeur que par la perte de revenu[1].

La neurobiologie suggère que le statut social nous affecte profondément, car il agit directement sur le fonctionnement du cerveau. Dans des situations de domination, notre cerveau diminue la sécrétion de sérotonine et de dopamine. Ces neurotransmetteurs sont de la même famille que l'ocytocine : ils commandent nos humeurs et conduisent à des états de mal-être et de dépression lorsqu'ils sont en quantité insuffisante. Des chercheurs de l'école de médecine de Caroline du Nord ont étudié la relation entre le stress des singes et la nature de leurs relations sociales[2]. Dans un premier temps, les chercheurs ont hébergé vingt singes dans des cages individuelles. Après un certain laps de temps, ils les ont répartis par groupes de quatre dans les cages et ont observé le type de hiérarchie qui se développait au sein de chaque groupe. Ils ont également scanné le cerveau des macaques avant et après cette répartition. Les résultats sont frappants. Les singes qui occupent un statut supérieur secrètent davantage de dopamine que les singes dominés. Ces

1. Liliana Winkelmann et Rainer Winkelmann, « Why Are the Unemployed So Unhappy ? Evidence from Panel Data », *Economica*, vol. 65, 1998, pp. 1-15.

2. D. Morgan, K.A. Grant, H.D. Gage, R.H. Mach, J.R. Kapla, O. Prioleau, S.H. Nader, N. Buchheimer, R.L. Ehrenkaufer et M.A. Nader, « Social Dominance in Monkeys : Dopamine D2 Receptors and Cocaine Self-Administration », *Nature Neuroscience*, vol. 5, 2002, pp. 169-174.

derniers s'administrent de fortes doses de cocaïne mises à disposition dans un recoin de la cage.

Dans ce domaine, le comportement humain semble très proche de celui des singes. Des chercheurs ont scanné les cerveaux de joueurs qui pouvaient gagner de l'argent en résolvant des exercices simples sur un ordinateur[1]. Sans surprise, les zones du cerveau associées au plaisir sont actives lorsque les joueurs gagnent de l'argent. Plus surprenant, elles deviennent beaucoup plus actives chez les gagnants à qui l'on indique que d'autres joueurs ont perdu. Le fait de savoir que je suis meilleur que d'autres est donc une source d'apaisement. Des réactions symétriques sont observées chez les perdants. La perte suscite une activation de la zone du cerveau associée à la douleur émotionnelle, qui est plus forte lorsque les perdants savent que d'autres gagnent. Savoir que d'autres sont meilleurs que moi est donc douloureux. Nous sommes aussi sensibles à ce que les autres pensent de nous. Les gagnants sont plus heureux s'ils savent que les perdants connaissent leur succès. Quant aux perdants, ils souffrent plus s'ils savent que les gagnants sont au courant de leur manque de réussite. Ainsi, notre position dans la hiérarchie sociale a des conséquences physiologiques. Ces conséquences ont un impact sur notre

---

1. Caroline F. Zink, Yunxia Tong, Qiang Chen, Danielle S. Bassett, Jason L. Stein et Andreas Meyer-Lindenberg, « Know Your Place : Neural Processing of Social Hierarchy in Humans », *Neuron*, 2008, 58 (2), pp. 273-283. Voir aussi : Nikhil Swaminathan, « For the Brain, Cash Is Good, Status Is Better », *Scientific American*, 24 avril 2008.

santé mentale, qui se dégrade lorsque nous sommes persuadés que nous sommes situés en bas de l'échelle sociale[1].

Inégalités et mal-être

Puisque c'est surtout le revenu relatif qui influence le bien-être, en toute logique, les inégalités jouent un rôle de premier plan. Un accroissement des inégalités de revenus est ainsi systématiquement associé à une diminution du bien-être de l'ensemble de la population[2]. Pour un même revenu, une société plus inégalitaire compte plus de personnes dépressives, alcooliques, obèses, avec une moindre espérance de vie, plus d'homicides, de moins bonnes performances scolaires et plus de personnes incarcérées. Dans nos sociétés modernes et riches, ce sont plus les inégalités que le niveau des revenus qui influencent le moral de l'ensemble de la population. Les inégalités minent également la cohésion sociale. Les sociétés les plus inégalitaires sont celles où la confiance en autrui

---

1. Peter J. Gianaros, Jeffrey A. Horenstein, Sheldon Cohen, Karen A. Matthews, Sarah M. Brown, Janine D. Flory, Hugo D. Critchley, Stephen B. Manuck et Ahmad R. Hariri, « Perigenual Anterior Cingulate Morphology Covaries with Perceived Social Standing », *Oxford Journals Medicine, Social Cognitive & Affective Neuroscience*, 2007, 2 (3), pp. 161-173.

2. Ces relations s'observent entre pays, mais aussi entre régions d'un même pays : voir l'ouvrage de Richard Wilkinson et Kate Pickett, *The Spirit Level, Why More Equal Societies Almost Always Do Better*, Penguin Books, 2009, et le site internet associé à l'ouvrage : www.equalitytrust.org.uk.

est la plus faible. Les inégalités jouent à ce titre un rôle beaucoup plus important sur la cohésion sociale que les différences de religion ou de populations immigrées[1].

Elles sapent la cohésion sociale et l'efficacité économique d'autant plus qu'elles sont perçues comme injustes. Pour le montrer, une équipe de chercheurs de l'université de Zurich, menée par Ernst Fehr, pionnier de l'économie de la confiance, a proposé à une grande entreprise allemande de réaliser l'expérience suivante[2]. Cette entreprise embauche temporairement des salariés afin de faire la promotion de cartes de fidélité pour les clients de bars ou restaurants. Les salariés sont organisés par équipes de deux et ont des tâches et responsabilités identiques. Tous les salariés sont initialement payés de la même façon. Après un laps de temps, l'entreprise change le mode de rémunération des équipes. Dans certaines équipes, les deux salariés subissent une même baisse de salaire. Les chercheurs constatent alors une diminution de la productivité de 15 % des employés, ce qui confirme le résultat habituel selon lequel la motivation dépend de la rémunération. Au sein d'autres équipes, seul l'un des deux employés subit une baisse

---

1. Pour des études détaillées sur la relation négative entre confiance et inégalités, voir Robert Putnam, *Bowling Alone*..., *op. cit.* ; Eric Uslaner, *The Moral Foundations of Trust*, Cambridge University Press, 2002 ; Bo Rothstein et Eric Uslaner, « All for All : Equality, Corruption and Social Trust », *World Politics*, vol. 58, 2005, pp. 41-72 ; Richard Wilkinson et Kate Pickett, *The Spirit Level, Why More Equal Societies Almost Always Do Better*, *op. cit.*

2. Alain Cohn, Ernst Fehr, Benedikt Herrmann et Frédéric Schneider, « Social Comparison in the Workplace : Evidence from a Field Experiment », *IZA Working Paper* n° 5550, 2011.

de salaire. Face à cette inégalité de traitement, les salariés qui sont les seuls à subir une baisse de salaire diminuent leur productivité de 30 %, soit deux fois plus que lorsque les deux membres de chaque équipe sont touchés par la baisse salariale. Autrement dit, le sentiment d'absence de réciprocité affecte considérablement la motivation, plus que le seul revenu. L'accumulation des études sur le rôle de la confiance et de la réciprocité dans le monde du travail nous offre un enseignement par temps de crise. Imposer une modération salariale uniquement à une partie des salariés en France serait vécu non seulement de façon très injuste par nos concitoyens, mais serait aussi inefficace économiquement.

Les inégalités seraient-elles la cause du mal-être français ? Entre 1998 et 2005, le revenu moyen de l'ensemble des ménages a augmenté très modestement, d'un peu plus de 4 %. Pendant ce temps, les revenus des deux mille cinq cents ménages les plus riches (représentant 0,01 % des vingt-cinq millions de ménages français) ont crû de plus de 40 % ! Cette hausse est due pour partie à l'explosion des salaires des 0,01 % des ménages les plus riches, mais aussi et surtout à la hausse de la valeur de leur patrimoine[1].

Mais cette évolution rapide n'est pas propre à la

1. Les inégalités de patrimoine sont beaucoup plus importantes que les inégalités de revenus hors patrimoine ou que les inégalités de niveau de vie. En 2004, le patrimoine des 10 % les plus fortunés est 2 135 fois supérieur à celui des 10 % les moins riches. En termes de revenus hors patrimoine, l'écart de revenu entre les 10 % les plus aisés et les 10 % les moins aisés est de 3,5 en 2009. Sources : Insee, Enquête Patrimoine 2004 et Enquête Niveau de vie 2009.

France. Elle est même plus accentuée dans les pays anglo-saxons ou dans des pays émergents comme l'Inde et la Chine. Ainsi, chez nous, la part du revenu des 1 % des ménages les plus riches dans le revenu total est plus faible en 2005 qu'en 1950. Cette évolution contraste avec celle observée aux États-Unis, où la part des plus riches (les fameux 1 %) est passée de 11 % à 17,5 % sur la même période. Par ailleurs, l'explosion des inégalités est circonscrite à un tout petit segment de la population, à savoir celui des 0,01 % des plus riches. Si l'on suit l'évolution du niveau de vie des 10 % les plus riches et des 10 % les plus pauvres, on constate que *l'écart s'est réduit* en réalité entre 1970 et 1980. Les 10 % les plus riches avaient un niveau de vie 4,6 fois supérieur à celui des 10 % les plus pauvres en 1970. Cet écart est passé à 3,5 en 1980, et il est relativement stable depuis cette date. En réalité, contrairement à une idée répandue, la France est le pays où les inégalités de niveau de vie sont parmi les plus faibles en Europe, juste après les pays nordiques[1].

Les Français sont-ils plus sensibles aux inégalités ?

Dans tous les pays, ceux qui déclarent être de gauche plutôt que de droite considèrent qu'il faut à tout prix les réduire[2]. Sauf que la fréquence de cette opi-

---

1. Source : Insee, « Les niveaux de vie en 2009 », http://www.insee.fr/fr/themes/document.asp?reg_id=0&ref_id=ip1365.

2. Nous considérons ici l'ensemble des 97 pays couverts par les enquêtes du *World Values Survey*.

nion en France est la même qu'au sein de l'ensemble des personnes se déclarant « de gauche » dans le monde entier. On observe ainsi que l'aversion pour l'inégalité est bien une attitude typiquement française, qui ne provient pas de particularités liées à l'âge, au revenu, au niveau d'éducation, à la situation maritale et professionnelle ou même à la religion.

Pourquoi les Français sont-ils beaucoup plus sensibles aux inégalités que la plupart des citoyens des autres pays développés ? Une explication souvent avancée est qu'ils auraient une psyché différente, ou une culture marxiste. Tout cela serait *in fine* un phénomène culturel. Tocqueville ne parlait-il pas déjà de la « passion de l'égalité » à propos de la Révolution française ? Mais de telles explications ont le défaut… de ne pas en être. Pourquoi la culture marxiste serait-elle plus prégnante en France que dans d'autres pays ? Quelles seraient les origines de cette passion nationale ? Une autre explication, très en vogue, consiste à affirmer que les inégalités ont explosé, en braquant toute l'attention sur l'augmentation des très hauts revenus. Mais nous avons vu que cette évolution n'est pas spécifique à la France.

Pour comprendre ce qui se passe, il est nécessaire de repérer ce qui distingue le fonctionnement de la société française. Les différences de revenus ne sont qu'une facette, chez nous, de la distance sociale. En fait, les Français considèrent les inégalités comme inacceptables, car ils ont de bonnes raisons de penser qu'elles sont illégitimes : elles proviendraient de passe-droits, de collusions d'intérêts entre les puissants, d'une reproduction sociale particulièrement forte à l'école. Ont-ils tort ? Ils ont en tout cas le sentiment que la richesse est associée au statut plus qu'au fruit du travail : 45 % pensent que travailler dur n'apporte pas nécessairement le succès, contre 23 % aux États-Unis[1]. En France, on n'aime pas les riches parce qu'on considère plus souvent qu'ailleurs qu'ils le sont non grâce à leur talent ou à leur travail, mais bien grâce à leurs connivences, le plus souvent liées à leur origine sociale.

Notre défiance envers les riches et, plus généralement, notre défiance envers les autres et les institutions, semble à tel point ancrée dans notre culture qu'il est légitime de penser que c'est une donnée intangible. Ce n'est pourtant pas ce que nous enseigne l'Histoire.

---

1. Source : *World Values Survey* 1981-2002. Les personnes interrogées donnent des réponses placées sur une échelle allant de 1 pour « Dans le long terme travailler dur apporte généralement le succès », à 10 pour « Travailler dur n'apporte généralement pas le succès ». Nous avons recodé les réponses en leur donnant une valeur égale à 1 pour les réponses allant de 1 à 4 et égale à 0 pour les réponses supérieures à 5.

3

Le poids de l'Histoire

La traite des esclaves destinés au continent américain a débuté aux XVe et XVIe siècles.

À cette époque, les esclaves des côtes de l'Afrique de l'Ouest étaient enlevés lors de raids menés par les Européens ou à l'occasion de conflits militaires entre belligérants africains. Mais un autre système s'est aussi progressivement mis en place, car les habitants d'Afrique de l'Ouest pouvaient se protéger voire s'enrichir en vendant aux marchands d'esclaves des personnes de passage, des amis ou même des membres de leur famille. Selon Walter Hawthorne, « le commerce des esclaves était insidieux, car ses effets pénétraient profondément dans la fabrique sociale de la côte de la Haute-Guinée. Ainsi, dans de nombreuses régions, le commerce des esclaves aboutissait à vendre ses voisins[1] ». André Álvares de Almada, auteur du *Bref traité sur les fleuves de Guinée du Cap-Vert* publié en 1594[2], raconte que « les ménages habitant

1. Walter Hawthorne, *Planting Rice and Harvesting Slaves : Transformations along the Guinea-Bissau Coast, 1400-1900*, Portsmouth, NH, Heinemann, 2003, pp. 106-107.

2. André Álvares de Almada, *Tratado breve dos rios de Guiné do Cabo Verde*, 1594, Câmara Municipal de Lagos-Comissão Mun,

près des ports ont été en mesure de tirer profit de la traite négrière en “trompant” les étrangers sans méfiance pour les vendre à des marchands. Ces Beafares[1] sont si intelligents que si un manant arrive, ils lui proposent un abri et le reçoivent dans leur maison. Après quelques jours, ils le persuadent qu'ils ont des amis sur les navires et lui offrent d'y aller faire la fête. Mais, arrivés aux navires, ils le vendent. De nombreux manants ont été trompés de cette manière ».

On peut suspecter que ces pratiques, très répandues à l'époque, ont instillé une profonde défiance entre les habitants des régions concernées ! Mais nous savons aussi, grâce au remarquable travail de Nathan Nunn et Leonard Wantchekon, qu'elle est encore présente *trois siècles plus tard*[2]. Aujourd'hui, les habitants de ces régions se méfient plus des autres, de leurs voisins, des membres de leur ethnie et même de leur famille que les habitants des régions limitrophes[3]. L'Histoire, même

---

édition 2006, traduction anglaise P.E.H. Hair, Liverpool, University of Liverpool, Mario Azevedo, 1982, p. 121.

1. Les Beafares ou Biafades vivent sur les rives du rio Buba en Guinée-Bissau.

2. Nathan Nunn et Leonard Wantchekon, « The Slave Trade and the Origins of Mistrust in Africa », *American Economic Review*, à paraître.

3. Les esclaves ont pu être enlevés surtout dans des régions de conflits, où la défiance régnait au préalable, facilitant ainsi la tâche des marchands. Cependant, Nathan Nunn et Leonard Wantchekon montrent que les habitants des régions les plus éloignées de la côte atlantique, dont les ancêtres ont été relativement protégés du commerce des esclaves, sont moins défiants que ceux qui habitent plus près des côtes. En outre, Nathan Nunn et Leonard Wantchekon montrent que la diminution de la défiance avec la distance

ancienne, peut donc laisser de profondes traces qui influencent les performances économiques, puisque les régions plus particulièrement touchées par la traite des esclaves ont aujourd'hui un moindre niveau de vie[1]. La détérioration des liens sociaux a des conséquences plus durables que la destruction du capital physique, des machines et de vies humaines ! Les conséquences de bombardements, aussi destructeurs soient-ils, disparaissent en quelques années[2]. En revanche, la défiance, lorsqu'elle s'installe, peut perdurer pendant des siècles, avec des conséquences très dommageables.

La pauvreté du Sud de l'Italie, marquée aujourd'hui par une forte défiance entre ses habitants, plonge ses racines dans un système féodal qui a subsisté jusqu'à l'unification italienne de 1861[3]. La Stasi, la police politique de l'ex-République démocratique allemande (RDA), qui employait, en 1989, plus de 90 000 permanents et plus de 170 000 informateurs occasionnels, a marqué les attitudes civiques des habitants de l'Est de

---

à la côte ne s'observe pas dans d'autres régions du globe. Ceci tend à prouver que c'est dans les régions où le commerce des esclaves a sévi que les autochtones sont méfiants, et non l'inverse.

1. Nathan Nunn, « The Long Term Effects of Africa's Slave Trades », *Quarterly Journal of Economics*, 123 (1), 2008, pp. 139-176.

2. Edward Miguel et Gérard Rolland, « The Long Run Impact of Bombing Vietnam », à paraître dans le *Journal of Development Economics*.

3. Edward C. Banfield, *The Moral Basis of a Backward Society*, New York, Free Press, 1958 ; Robert D. Putnam, *Making Democracy Work*, Princeton University Press, 1993 ; Luigi Guiso, Paola Sapienza et Luigi Zingales, « Long Term Persistence », Chicago, *GSB Research Paper* n° 08-11, 2008.

l'Allemagne[1]. Dans chaque immeuble, chaque usine, des informateurs étaient à l'affût. Les écoutes des particuliers étaient monnaie courante. Toute parole contre le régime pouvait être rapportée, déformée et avoir des conséquences dramatiques. Ce climat de délation a détruit le lien social[2]. Vingt-cinq ans après la chute du Mur, les habitants des régions où la Stasi était la plus présente sont moins enclins à s'investir dans des activités civiques : leur participation aux élections, leurs engagements dans les associations et leurs dons d'organe *post mortem* sont nettement plus faibles que dans le reste de l'Allemagne[3]. Ces régions ont aussi un revenu moindre et un chômage plus élevé.

Névrose nationale ?

À l'instar des Italiens du Sud, des Allemands de l'Est et des Africains de l'Ouest, les Français seraient-ils traumatisés par leur passé ?

C'est possible. Les enquêtes montrent bien que la défiance des Français perdure au moins depuis le début des années 80. Malheureusement, il n'existe pas

1. Jacob Marcus et Marcel Tyrell, « The Legacy of Surveillance : An Explanation for Social Capital Erosion and the Persistence of Economic Disparity Between East and West Germany », Mimeo, European Business School Östrich-Winkel, 2010.

2. Le film de Florian Henckel von Donnersmarck, *La Vie des autres*, sorti en 2006, rend très bien compte de cette ambiance.

3. Jacob Marcus et Marcel Tyrell vérifient dans leur article que la relation entre défiance et activité de la Stasi n'est pas le fruit d'une causalité inverse.

d'enquête avant cette période[1]. On peut penser que la crise économique des années 70, qui a mis un coup d'arrêt à la faste période des Trente Glorieuses, a changé le climat social. Cette explication est cependant insuffisante. Différents témoignages d'époque confirment que les Français étaient insatisfaits pendant les Trente Glorieuses, de 1946 à 1975, alors que le chômage était presque inexistant et que notre niveau de vie a été multiplié par trois ! De Gaulle déclarait en 1970 : « Les rapports sociaux restent empreints de méfiance et d'aigreur. Chacun ressent ce qui lui manque plutôt que ce qu'il a[2]. »

De fait, en scrutant les attitudes de personnes nées et résidentes aux États-Unis, mais originaires de différents pays[3], nous avons pu constater que le phénomène

1. Les premières enquêtes exploitables dans une dimension internationale datent du début des années 80.

2. Charles de Gaulle, *Mémoires d'espoir*, Plon, 1970.

3. Yann Algan et Pierre Cahuc, « Inherited Trust and Growth », *American Economic Review*, vol. 100, 2010, pp. 2060-2092. Notre méthode pour mesurer l'évolution de la confiance en France s'apparente à la technique du carbone 14. Nous mesurons la confiance transmise par les immigrés français à leurs descendants à différentes dates. Les parents qui ont immigré dans la première partie du XXe siècle ont transmis une confiance beaucoup plus élevée que les parents ayant immigré après la Seconde Guerre mondiale. Pour plus de détails sur cette méthode, voir Yann Algan et Pierre Cahuc, « Peut-on construire une société de confiance en France ? », dans Ph. Askenazy et D. Cohen (dir.), *16 nouvelles questions d'économie contemporaine*, *op. cit.* Par ailleurs, les sources de la défiance ont été mises en lumière dans un autre ouvrage de Yann Algan et Pierre Cahuc, *La Société de défiance*, Éditions Rue d'Ulm, 2007. Le présent ouvrage se situe dans une

s'est manifesté dès la fin de la Seconde Guerre mondiale. Les personnes d'origine française dont les parents sont arrivés aux États-Unis après la guerre ont une défiance plus marquée que celle des originaires des pays scandinaves. Ce n'est pas le cas pour les personnes d'origine française dont les parents, grands-parents ou arrière-grands-parents sont arrivés avant la guerre[1]. La confiance transmise par les Français à leurs enfants est bien plus faible après qu'avant la Seconde Guerre mondiale.

Nous ne pouvons dater avec exactitude le point de rupture de la confiance. Mais nous constatons néanmoins une dégradation au cours du XXe siècle. Les grands chocs historiques peuvent expliquer cette évolution. Mai 1940, le surgissement totalement imprévu de l'armée allemande, l'occupation et la collaboration du régime de Vichy ont vraisemblablement ébranlé la confiance nationale. C'est peut-être le moment de l'effondrement de l'optimisme français, tant célébré à la « Belle Époque ». Mais la Première Guerre mondiale a également pu rompre le pacte de confiance des Français avec leurs élites pour les avoir envoyés en masse à pareille boucherie. Selon Marc Bloch[2], c'est d'ailleurs cette césure entre les élites et le peuple avant 1939 qui

perspective plus large, qui englobe le fonctionnement de l'école, des entreprises et de l'État-providence en utilisant des travaux qui n'étaient pas encore disponibles en 2007.

1. Ce constat tient compte des différences de revenu, de niveau d'éducation, d'âge, de statut professionnel, familial et d'appartenance religieuse.

2. Marc Bloch, *L'Étrange Défaite*, Gallimard, coll. « Folio Histoire », 1990.

explique l'effondrement de la société française pendant la dernière guerre.

Si la confiance peut s'éroder, elle peut sans doute se régénérer. C'est la bonne nouvelle !

Il n'y a pas de fatalité

Les croyances et les comportements des immigrants sont certes influencés par leurs pays d'origine. Ce constat est aujourd'hui bien établi. Les joueurs de football qui ont grandi dans des pays exposés aux guerres civiles sont plus violents que les autres. Ils reçoivent plus fréquemment des cartons jaunes ou rouges[1]. Les diplomates en poste aux Nations unies originaires de pays où le civisme est faible garent fréquemment leur voiture sur des emplacements interdits dans les rues de New York, car ils ne payent pas d'amende. Les diplomates des pays scandinaves et anglo-saxons, pourtant protégés par la même immunité, se signalent par une absence totale d'infraction. Leurs homologues français se classent au 78e rang du nombre d'infractions le plus élevé sur 146 pays, loin devant la plupart des autres diplomates occidentaux[2].

---

1. Edward Miguel, Sebastian M. Saiegh et Shanker Satyanath, « Civil War Exposure and Violence », *Economics and Politics*, 2011, vol. 23, pp. 59-73.

2. Raymond Fisman et Edward Miguel, « Culture of Corruption : Evidence from Diplomatic Parking Ticket », *Journal of Political Economy*, 115 (6), 2007, pp. 1020-1048.

Néanmoins, les attitudes et les croyances des immigrants ne sont pas figées. Elles sont également influencées par leur pays de résidence. En règle générale, la confiance des immigrants augmente dès la première génération lorsqu'ils passent d'un pays où elle est faible à un autre où elle est forte. L'inverse est aussi vrai. Ce phénomène s'observe aux États-Unis comme en Europe[1], ainsi que dans les migrations internes aux pays. Ainsi, les valeurs civiques des Italiens qui déménagent du sud au nord de l'Italie ont tendance à s'améliorer pour rejoindre progressivement celles de leur lieu de résidence. Inversement, les attitudes civiques des Italiens qui déménagent du nord vers le sud auraient plutôt tendance à se détériorer[2]. Les comportements ne sont donc pas figés. L'environnement peut les faire changer.

La confiance d'individus plongés dans un environnement favorable peut, par conséquent, s'améliorer

1. Yann Algan et Pierre Cahuc, « Inherited Trust and Growth », *art. cit.* ; Yann Algan, Pierre Cahuc et Marc Sangnier, « Efficient and Inefficient Welfare States », Institute for the Study of Labor, DP 5445, 2011 ; P.T. Dinesen, « Parental Transmission of Trust or Perceptions of Institutional Fairness ? Explaining Generalized Trust of Young Non-Western Immigrants in a High-Trust Society », à paraître, *Comparative Politics* ; P.T. Dinesen et M. Hooghe, « When in Rome, Do as the Romans Do : The Acculturation of Generalized Trust among Immigrants in Western Europe », *International Migration Review*, 44 (3), 2010, pp. 697-727.

2. Andrea Ichino et Giovanni Maggi, « Work Environment and Individual Background : Explaining Regional Shirking Differentials in a Large Italian Firm », *Quarterly Journal of Economics*, 115 (3), 2000, pp. 1057-1090. Luigi Guiso, Paola Sapienza et Luigi Zingales, « The Role of Social Capital in Financial Development », *The American Economic Review*, 94 (3), 2004, pp. 526-556.

progressivement. Mais comment la confiance à l'échelle d'un pays tout entier peut-elle évoluer ?

Au début des années 90, un pays illustre les mécanismes à l'œuvre : la Sierra Leone a été ravagée par une guerre civile. Les rebelles du Front révolutionnaire uni, alliés à des factions de l'armée régulière, ont pillé une grande partie du pays. Ils faisaient régner un climat de terreur extrême. Ils enlevaient des enfants pour les droguer, les endoctriner et les contraindre à semer la terreur dans leurs propres villages. En conséquence, les victimes se comptent essentiellement parmi les civils : cinquante mille personnes sont mortes, plus d'un million ont été déplacées et plusieurs milliers ont été amputées, violées ou mutilées. John Bellows et Edward Miguel[1] ont constaté que ces événements dramatiques ont bouleversé les comportements des survivants de façon inattendue. Ceux qui vivaient dans les régions où la violence était plus intense sont devenus plus civiques ! Ils participaient davantage aux réunions communautaires, s'investissaient plus dans la politique locale et votaient plus fréquemment. Les liens tissés pour résister aux agressions extérieures ont renforcé durablement la coopération.

Certaines catastrophes naturelles, dont les effets sont pourtant désastreux, suscitent des réactions similaires. Une partie des survivants vivent une phase post-traumatique pendant laquelle, heureux d'être toujours en vie, ils se tournent vers les autres, ont des comporte-

1. John Bellows et Edward Miguel, « War and Local Collective Action in Sierra Leone », *Journal of Public Economics*, 2009, 93 (11-12), pp. 1144-1157.

ments altruistes et se consacrent à des activités communautaires. C'est le « syndrome des catastrophes[1] ». Il a des conséquences durables. Des ouragans destructeurs peuvent ainsi favoriser la coopération pendant plusieurs années[2]. Un environnement hostile peut même changer les comportements pour plusieurs siècles. Ainsi, les régions d'Europe ont aujourd'hui des habitants d'autant plus confiants qu'elles étaient soumises à d'importantes variations climatiques entre 1500 et 1750[3]. En effet, une plus forte variabilité du climat, qui accentue l'irrégularité des récoltes, nécessite de stocker des réserves plus importantes, de les gérer collectivement et de développer le commerce entre des régions inégalement affectées par ces chocs. Tout cela favorise la coopération et marque l'ensemble de la structure sociale. Les liens familiaux sont moins étroits dans les régions où les variations sont moins importantes. Les jeunes y quittent plus tôt le cocon familial, car ils ne comptent pas sur la solidarité familiale pour subvenir à leurs besoins en cas de mauvaises récoltes, qui surviennent fréquemment. L'expéri-

---

1. Ce concept a été introduit par Anthony F.C. Wallace dans *Tornado in Worcester : An Exploratory Study of Individual and Community Behavior in an Extreme Situation*, Publication 392, National Academy of Sciences-National Research Council, Washington, D.C., 1956. Voir aussi Paul Valent, « Disaster Syndrome », dans *Encyclopedia of Stress* (dir.), George Fink, New York, Academic Press, 2000.

2. Marco Castillo et Michael Carter, « Behavioral Responses to Natural Disasters », Working Paper, University of Wisconsin-Madison, 2011 ; Yanos Zylberberg, « Do Tropical Typhoons Smash Community Ties ? », Working Paper, Paris School of Economics, 2011.

3. Ruben Durante, « Risk Cooperation and the Economic Origins of Social Trust : An Empirical Investigation », Working Paper, Economic Department, Sciences-Po, 2010.

mentation de la coopération induite par les rigueurs du climat a des effets persistants sur plusieurs siècles, même lorsque les sociétés se transforment profondément, passant du stade agricole au stade industriel.

On constate aussi que la confiance est élevée dans les régions montagneuses, où les agriculteurs doivent cultiver des parcelles fragmentées et irriguées par des canaux entretenus en commun. Dans ces régions, la confiance mutuelle et la coopération dans tous les domaines sont plus fréquentes que dans les régions d'élevage, qui requièrent moins de coordination[1].

La fabrique de la confiance

Les Habsbourg, qui dominèrent une grande partie de l'Europe centrale du XVIe au début du XXe siècle, ont gouverné grâce à une administration éduquée et peu corrompue au regard des pratiques de l'époque. Les frontières des pays qui se sont constitués depuis l'effondrement de l'empire, à la fin de la guerre de 14-18, ont pu changer au gré des conflits et des événements politiques. Pourtant, dans les régions de l'ancien empire, l'administration est aujourd'hui plus transparente, moins corrompue et les populations lui font plus confiance qu'ailleurs[2]. Les

1. Elinor Ostrom, *Governing the Commons : The Evolution of Institutions for Collective Action*, Cambridge, Cambridge University Press, 1990.

2. Sascha O. Becker, Katrin Boeckh, Christa Hainz, Ludger Woessmann, « The Empire Is Dead, Long Live the Empire ! Long-Run Persistence of Trust and Corruption in the Bureaucracy », *IZA, Discussion Paper* n° 5584, mars 2011.

bonnes pratiques des Habsbourg laissent des traces qui survivent bien au-delà de la disparition de leur empire !

Cet exemple n'est pas anecdotique. L'histoire de l'Europe foisonne d'événements montrant que les décisions politiques influent sur les peuples durant plusieurs siècles. Aujourd'hui, les habitants des villes d'Italie ayant accédé au statut de cité libre dès le Moyen Âge, et dont les ancêtres bénéficiaient à ce titre de droits civiques substantiels, participent plus aux élections, donnent plus leur sang et sont plus enclins à adhérer à des associations que les habitants des autres villes de ce pays[1]. De même, les régions d'Europe dotées d'un meilleur niveau d'éducation et d'un État plus démocratique à la fin du XVIIIe siècle ont aujourd'hui des habitants plus confiants et plus civiques[2]. Ainsi, l'éducation et la démocratie ont des conséquences sur les comportements qui traversent les siècles.

La qualité des institutions est également essentielle pour maintenir et développer la coopération dans les économies de marché. Les marchés ne peuvent fonctionner correctement que s'ils sont encadrés par une réglementation adaptée, mise en place par des pouvoirs publics transparents et équitables. La forte dégradation de

1. Luigi Guiso, Paola Sapienza et Luigi Zingales, « Long Term Persistence », *op. cit.* ; Robert Putnam, *Making Democracy Work : Civic Traditions in Modern Italy*, *op. cit.*

2. Guido Tabellini, « Culture and Institutions : Economic Development in the Regions of Europe », *Journal of the European Economic Association*, 8 (4), 2010, pp. 677-716.

la confiance dans les pays de l'ex-bloc soviétique lors de leur conversion au « capitalisme » en offre une illustration saisissante. La libéralisation des marchés dans le contexte de défiance et de faible transparence qui caractérisait les pays du bloc de l'Est au début des années 90 a eu des conséquences désastreuses : elle a amplifié la corruption, la défiance des citoyens vis-à-vis de l'État, de la justice, des autres citoyens, et a réduit les revenus[1]. Cet effet a été plus important dans les régions où la défiance était présente au moment de la chute du Mur.

Ainsi, en l'absence de règles qui encadrent la coopération, la confiance peut s'éroder rapidement. C'est ce que confirment de nombreuses expériences visant à tester la propension des membres d'un groupe à financer un service collectif utile à chacun[2]. Lorsque des personnes qui participent à de telles expériences s'aperçoivent que certains membres du groupe ne contribuent pas alors qu'elles-mêmes participent au financement, elles réduisent leur contribution. C'est un jeu perdant-perdant qui conduit à la disparition du service. Si l'expérience est modifiée afin de permettre aux participants de sanctionner financièrement les membres du groupe qui ne contribuent pas, la coopération se maintient et l'activité est financée par tous. La possibilité de sanctionner les personnes qui ne coopèrent pas peut ainsi favoriser la coopération.

1. Philippe Aghion, Yann Algan, Pierre Cahuc et Andrei Shleifer, « Regulation and Distrust », *Quarterly Journal of Economics*, 125 (3), 2010, pp. 1015-1049.

2. Ernst Fehr et Simon Gächter, « Cooperation and Punishment », *American Economic Review*, 2000, vol. 4, pp. 980-994.

Mais pour que les sanctions aient un effet positif, encore faut-il qu'elles apparaissent légitimes, et ce n'est pas toujours le cas. Une expérience menée dans seize villes situées dans différents pays le prouve[1]. Les contributions au financement de services collectifs sont les plus élevées à Boston, Copenhague, Zurich, Bonn ou Nottingham. Elles sont les plus faibles à Athènes. Ce classement est lié à la confiance et à la transparence des gouvernements. En outre, dans les pays où sévit une faible confiance, telle la Grèce, le principe qui émerge rapidement est de punir ceux qui coopèrent le plus ! Et la possibilité de punir n'améliore pas la coopération, elle a même tendance à la détruire. En fait, les personnes sanctionnées dans le passé parce qu'elles contribuaient trop peu au bien public se vengent et punissent celles qui contribuaient beaucoup, car ces dernières sont les plus susceptibles de les avoir punies et de le faire à nouveau ! Les punitions infligées par les personnes qui ne coopèrent pas servent à dissuader celles qui veulent coopérer de les punir. Dans un climat de défiance, les sanctions, perçues comme illégitimes, ne font alors qu'accroître la défiance. On voit bien que c'est ce mécanisme qui empêche, pour l'instant, l'économie grecque de se redresser. Et l'Europe de sortir de la crise actuelle. Mais la société française, malheureusement, n'échappe pas non plus à cet engrenage.

1. Benedikt Herrmann, Christian Thöni et Simon Gächter, « Antisocial Punishment Across Societies », *Science*, vol. 319, 2008 ; Samuel Bowles, « Is Liberal Society a Parasite on Tradition ? », *Philosophy and Public Affairs*, vol. 39, 2011.

4

Apprendre en silence

En 1800, un enfant d'une dizaine d'années, privé de toute relation sociale depuis son plus jeune âge, fut découvert par des paysans du Tarn. L'enfant ne parlait pas et présentait une incapacité totale à exprimer de l'attachement. Il fut confié au docteur Jean Itard, l'un des précurseurs de la pédagogie, pour qui l'éducation pouvait tout, même faire danser les ours. Pendant cinq années, le docteur Itard essaya de socialiser cet enfant, baptisé Victor de l'Aveyron. Il y parvint en partie mais ne réussit jamais à le faire parler.

Cette histoire, immortalisée par le film *L'Enfant sauvage* de François Truffaut, illustre l'importance de la prime enfance dans le processus de socialisation. Nous savons maintenant que le développement de l'empathie et de la coopération commence dès le plus jeune âge chez les humains, mais aussi chez certaines espèces animales. Les bébés rats vivent beaucoup plus longtemps lorsqu'ils ont été dorlotés par leur mère. Cette dernière, en léchant sa progéniture, bloque chimiquement le développement d'hormones de stress qui peuvent être mortelles.

L'attachement des parents et l'éducation familiale ne sont pas les seuls vecteurs de l'apprentissage de la socialisation. L'enseignement et les méthodes pédagogiques jouent également un rôle fondamental, reconnu très tôt par Jules Ferry. Lors de son discours du 2 octobre 1880 sur la formation des inspecteurs de l'école primaire, il proclamait : « Nous voulons des éducateurs ! Est-ce là être trop ambitieux ? Non. Et j'en veux pour preuve les méthodes nouvelles qui ont pris tant de développement, ces méthodes qui consistent, non plus à dicter comme un arrêt la règle à l'enfant, mais à la lui faire trouver ; qui se proposent avant tout d'exciter la spontanéité de l'enfant, pour en diriger le développement normal au lieu de l'emprisonner dans des règles toutes faites auxquelles il n'entend rien, au lieu de l'enfermer dans des formules dont il ne retire que de l'ennui, et qui n'aboutissent qu'à jeter dans ces petites têtes des idées vagues et pesantes, et comme une sorte de crépuscule intellectuel. »

Plus d'un siècle après, la France n'a toujours pas entendu le message de Jules Ferry. Elle n'a toujours pas adopté des pratiques pédagogiques tournées vers la socialisation des élèves, et reste arc-boutée sur sa conception d'une école obsédée par la seule transmission du savoir[1].

Un appareil vertical : l'école

En France, l'enseignant professe le plus souvent au tableau ; les élèves, assis en rang, écoutent et prennent des notes. L'enseignant, vers lequel toutes les attentions sont censées converger, doit être écouté en silence. La

1. Le rôle de l'école dans la structuration de la société française est mis en évidence dans l'ouvrage de Pierre Cahuc, Stéphane Carcillo, Olivier Galland et André Zylberberg, *La Machine à trier*, Eyrolles, 2011.

communication entre élèves est un parasite. Telle est, pour l'essentiel, la manière dont se déroule la vie en classe chez nous. Pourtant, ce n'est pas la seule manière de procéder. Les méthodes varient considérablement d'un pays à l'autre[1]. Certains pays ont un enseignement surtout « vertical », qui délivre des cours magistraux, pose des questions, tandis que les élèves prennent des notes, lisent des manuels en silence et répondent aux questions. À l'inverse, d'autres pays mettent surtout l'accent sur un enseignement « horizontal », où les élèves travaillent en groupe, réalisent des projets communs et où ce sont plutôt eux qui posent les questions aux professeurs. L'école française est l'archétype de l'enseignement vertical[2].

1. Nous avons mené une étude qui analyse les méthodes pédagogiques et leurs conséquences sur la confiance à partir d'un échantillon de 36 pays, avec plus de 5 000 élèves par pays. Cette étude se fonde sur les enquêtes Cived (Civic Education Study) et Timss (Trends in International Mathematics and Sciences Study) qui recensent les pratiques d'enseignement dans les différents pays auprès d'élèves de 3e. Les élèves interrogés ont majoritairement 14-15 ans. Voir Yann Algan, Pierre Cahuc et Andrei Shleifer, « Teaching Practices and Social Capital », Mimeo Harvard, 2011, http://isites.harvard.edu/fs/docs/icb.topic818278.files/teaching_practices_social_capital.pdf

2. Dans les enquêtes Cived et Timss sur les pratiques scolaires à la fin du collège, les élèves sont interrogés sur la fréquence à laquelle « ils prennent des notes » ou « travaillent en groupe sur des projets » au cours d'une période de classe. Les élèves déclarent la fréquence de chaque pratique sur l'échelle suivante : « Tout le temps », « Très souvent », « Parfois » et « Jamais ». En France, 56 % des élèves déclarent consacrer la totalité de leur temps à prendre des notes. C'est le taux le plus élevé dans l'ensemble des pays de l'OCDE, après le Japon (75 %) et la Turquie (64 %).

Chez nous, plus d'un élève sur deux déclare consacrer la totalité du temps passé en classe à prendre des notes. Deux élèves sur trois disent ne jamais travailler en groupe. Naturellement, dans tous les pays, les élèves consacrent du temps à prendre des notes. Mais la France est le seul pays, avec le Japon, à présenter un tel déséquilibre dans les pratiques pédagogiques. Nous sommes les champions de l'absence de travail en groupe. Les pays nordiques et les pays anglo-saxons sont ceux qui panachent de la façon la plus équilibrée travaux collectifs et cours magistraux. Leurs élèves déclarent passer au moins la moitié du temps à travailler entre eux. Mais les pays méditerranéens et d'Europe continentale se distinguent également de la France par un enseignement moins vertical. Pas plus d'un élève italien ou allemand sur trois déclare consacrer la totalité du temps passé en classe à prendre des notes, soit une proportion deux fois moindre qu'en France[1].

L'organisation de l'école française autour du culte du professeur commence dès la petite enfance. La maternelle est une préparation aux compétences scolaires attendues dans les cycles primaire puis secondaire. Des objectifs en termes de connaissances sont posés à l'avance, dans le but de préparer les enfants dans les champs littéraires et scientifiques. À l'inverse, les pays nordiques et d'Europe centrale suivent un modèle où les

À l'inverse, 72 % des élèves français déclarent ne jamais travailler en groupe avec leurs camarades.

1. La description des pratiques scolaires dans l'enquête Cived repose sur des enquêtes effectuées auprès des élèves. Elles sont confirmées dans les enquêtes Timss auprès des enseignants.

premières années de l'école primaire déclinent une vision « holistique » de l'enfant et de son développement. L'éducation est conçue comme un ensemble, indissociable de la vie en commun.

Les méthodes verticales d'enseignement en France s'inscrivent dans une vision de l'école où prime la transmission du savoir. Les élèves travaillent seuls face au tableau noir et sont évalués avec des examens fréquents et standardisés. Les enseignants interviennent dans une unique discipline, de façon relativement indépendante et isolée, et se focalisent sur le programme, décidé en haut lieu par une inspection générale.

Dans les pays nordiques et anglo-saxons[1], l'école est conçue à l'image d'une communauté où l'expression individuelle et les activités collectives sont privilégiées. Élèves, professeurs et parents sont incités à s'engager dans la vie scolaire quotidienne en participant à la gestion de l'établissement, à l'organisation de nombreuses activités et associations. Le rôle de l'enseignant se définit plus par sa pédagogie, sa capacité à transmettre des valeurs et son écoute des problèmes des élèves. Ce type d'organisation s'inscrit dans la droite ligne du « mouvement progressiste », initié par John Dewey, où l'enfant doit apprendre par l'action et l'échange avec les autres[2].

---

1. Voir Robin Alexander, *Culture and Pedagogy : International Comparisons in Primary Education*, Oxford et Boston, Blackwell, 2001 ; et François Dubet, Marie Duru-Bellat et Antoine Vérétout, *Les Sociétés et leur école*, Le Seuil, 2010.

2. John Dewey, *Démocratie et éducation*, Armand Colin-Nouveaux Horizons, 1975.

La construction de la défiance

Ces méthodes influencent la façon dont les élèves conçoivent la société dans laquelle ils vivent. Mais surtout, cette influence existe *indépendamment* des croyances préexistantes dans la société. En d'autres termes, pour un Finlandais ou un Danois par exemple, la coopération ou l'estime de soi ne font pas uniquement partie de la culture de leur pays, ou de l'éducation familiale. Elles résultent aussi de l'école et des méthodes « horizontales » d'enseignement qui y sont pratiquées. On peut le constater en étudiant les relations entre les méthodes d'enseignement et les croyances des élèves non seulement entre les différents pays, mais aussi entre les écoles, au sein de chaque pays[1].

L'enseignement horizontal est tout d'abord associé à des croyances plus fortes dans les bienfaits de la coopération entre élèves. Des élèves habitués à travailler en groupe sont plus enclins à penser qu'il est utile de partager les idées de tous, qu'ils apprennent plus vite en travaillant à plusieurs ou encore qu'ils peuvent peser sur les décisions de leur communauté. Ils ont tendance à se sentir mieux à l'école et à avoir une confiance plus élevée non seulement envers les autres élèves, mais aussi envers les enseignants, l'école et les institutions en général. Ils participent plus activement à la vie associa-

1. Pour une description détaillée des effets des pratiques d'enseignement sur le capital social des élèves, voir Yann Algan, Pierre Cahuc et Andrei Shleifer, « Teaching Practices and Social Capital », Mimeo cité, 2011.

tive. Ce constat signifie que la confiance dans les autres s'acquiert par la participation active à des groupes, à des projets collectifs ; c'est un apprentissage[1].

A contrario, les enfants confrontés à un enseignement vertical croient moins en la coopération entre élèves. Ils ont également tendance à être plus critiques sur les possibilités d'échanges avec leurs enseignants. Ils déclarent plus souvent ne pas être écoutés, ne pas être évalués à leur juste valeur et se sentir aliénés. Ainsi, plus d'un tiers des élèves français considèrent que les relations ne sont pas bonnes avec la plupart de leurs professeurs, soit l'un des plus hauts niveaux de conflictualité au monde ! Plus de la moitié des élèves français considèrent également que leurs enseignants ne leur donnent pas « la possibilité d'exprimer leur opinion » en cours.

Autre conséquence de notre enseignement vertical : plus d'un élève français sur trois a le sentiment d'être traité de façon injuste et inéquitable, soit à nouveau l'une des proportions les plus élevées de l'ensemble des pays de l'OCDE. Ce constat rejoint les conclusions de François Dubet pour qui les relations conflictuelles entretenues par nos jeunes avec l'école puisent leur origine dans leur sentiment d'être méprisés par leurs professeurs[2].

---

1. Des fondateurs de la théorie du capital social comme Robert Putnam ou Elinor Ostrom ont insisté sur ces aspects. Voir Robert Putnam, *Making Democracy Work*, *op. cit.* ; et *Bowling Alone : The Collapse and Revival of American Community*, *op. cit.* ; Elinor Ostrom, *Governing the Commons : The Evolution of Institutions for Collective Action*, *op. cit.*

2. François Dubet, *Les Lycéens*, Le Seuil, 1991 ; Pierre Merle, *L'Élève humilié. L'école : un espace de non-droit ?*, PUF, 2005.

Médiocratie scolaire

Mais après tout, la frustration de nos élèves n'est-elle pas le juste prix à payer pour avoir de bons résultats ? Toute l'information dont nous disposons indique que ce n'est pas le cas. Il n'y a en effet aucune raison d'opposer performance scolaire et bien-être psychologique. Le bien-être à l'école est au contraire un garant du développement des capacités intellectuelles. En fait, un enseignement fondé sur des méthodes verticales réussit à une minorité de très bons éléments, mais il est inefficace pour l'ensemble des élèves[1].

Notre système scolaire conduit à la fois à des résultats médiocres et à d'importantes inégalités. Brillante organisation ! C'est en tout cas ce qui ressort systématiquement des enquêtes Pisa[2]. Dans la dernière livrai-

1. Voir le rapport de l'Institut Montaigne, *Vaincre l'échec à l'école primaire*, avril 2010 : http://www.institutmontaigne.org/vaincre-l-echec-a-l-ecole-primaire-3179.html.

2. C'est l'enseignement des enquêtes Programme international pour le suivi des acquis (des élèves), Pisa, qui mesurent et comparent les compétences des élèves de 15 ans. En 2003, 37 % des élèves français se disent en désaccord ou en complet désaccord avec l'assertion : « Dans mon école, les élèves s'entendent avec la plupart des professeurs » (les autres réponses possibles sont : « En accord » et « En parfait accord »). À la question : « L'enseignant donne-t-il la possibilité aux élèves d'exprimer leur opinion ? », 51 % des élèves français répondent « Jamais » ou « Quelquefois ». Les autres réponses possibles sont : « La plupart du temps » ou « Toujours ». En moyenne, dans les pays de l'OCDE, 60 % des élèvent répondent : « La plupart du temps » ou « Toujours ». À la question « La plupart de mes professeurs

son de 2009, consacrée à la compréhension de l'écrit, la France se situe dans la moyenne, légèrement en dessous de la Suède, de l'Allemagne ou des États-Unis, légèrement au-dessus du Royaume-Uni, mais assez loin des premiers du classement que sont la Corée du Sud, la Finlande et Shanghai. Le constat de Pisa est analogue dans le domaine de la culture mathématique.

Plus inquiétant, ces comparaisons internationales montrent que nos élèves ont surtout des scores médiocres dans les épreuves où il faut savoir s'adapter, faire preuve d'esprit critique et d'esprit d'innovation, bref sortir du cadre scolaire. Nos élèves obtiennent à l'inverse de meilleurs scores dès qu'il s'agit de restituer des connaissances. Ils sont également plus à leur avantage à l'écrit, dans certaines épreuves où il faut cocher des cases. En revanche, ils obtiennent des scores inférieurs à la moyenne des pays de l'OCDE dans celles qui mesurent la compétence à réagir, où il faut développer une opinion personnelle en élaborant et en rédigeant soi-même un texte. Les points faibles des étudiants en culture scientifique résident également dans « la capacité à effectuer des généralisations, et de façon plus générale, à prendre des initiatives sans se référer à un schéma connu[1] ».

---

me traitent-ils de façon juste ? », 34 % des élèves se disent « En désaccord » ou « En fort désaccord » (les autres réponses possibles sont « En accord » ou « En parfait accord »). Ce sentiment d'injustice est beaucoup plus faible dans les autres pays, tels que le Danemark (10 %), les États-Unis (12 %), l'Angleterre (18 %) ou encore l'Allemagne (25 %).

1. Selon le rapport de la Depp (Direction de l'évaluation, de la prospective et de la performance), service statistique du ministère de l'Éducation nationale.

Les capacités non cognitives sont un autre registre qu'il est instructif d'évaluer : elles mesurent les traits de personnalités, tels que l'ouverture à l'expérience, le caractère consciencieux, l'extraversion, la capacité à coopérer ou encore l'équilibre psychologique. Les capacités cognitives mesurent le quotient intellectuel et le niveau des connaissances, en un mot les capacités intellectuelles. Les recherches récentes nous apprennent que les capacités non cognitives sont essentielles au développement des capacités intellectuelles, elles en sont en fait le garant[1].

Les capacités non cognitives sont même plus fortement associées à la réussite scolaire que l'« intelligence » mesurée par les tests de quotient intellectuel. Elles prédisent les notes obtenues en premier cycle universitaire tout autant que la réussite aux tests d'admission dans ce cycle. Sur ces sujets, l'expérience du *Perry Preschool Project* apparaît comme emblématique. Elle fut mise en place dans l'État du Michigan en 1962[2] dans le but de développer les capacités intel-

---

1. Flavio Cunha et James Heckman, « Investing in Our Young People », National Bureau of Economic Research, Working Paper 16201, 2010 ; Mathilde Almlund, Angela Lee Duckworth, James Heckman et Tim Kautz, « Personality Psychology and Economics », *IZA DP*, n° 5500, février 2011.

2. Voir la présentation de Greg Parks, « The Highscope Perry Preschool Project », *Juvenile Justice Bulletin*, US Department of Justice, octobre 2000, pp. 1-7, disponible à l'adresse : www.ncjrs.org/pdffiles1/ojjdp/181725.pdf ; et James J. Heckman, Song Hyeok Moon, Rodrigo Pinto, Peter A. Savelyev et Adam Q. Yavitz, « The Rate of Return to the Highscope Perry Preschool Program », *Journal of Public Economics*, 94 (1-2), 2010, pp. 114-128.

lectuelles et de favoriser la socialisation. Elle est destinée à des enfants âgés de 3 à 4 ans. Ces derniers bénéficient d'un encadrement préscolaire quotidien de deux heures et demie du lundi au vendredi inclus, mis en place pour des petits effectifs (un adulte pour six enfants) et durant deux années. Les intervenants ont des entretiens hebdomadaires d'une heure et demie avec les parents durant cette période et les parents se retrouvent par petits groupes tous les mois.

Les effets du *Perry Preschool Project* ont été évalués grâce à une expérience impliquant 123 enfants afro-américains issus de milieux défavorisés et possédant un quotient intellectuel faible (entre 70 et 85). Parmi ces 123 enfants, 58 ont bénéficié du programme et 65 ont été affectés à un groupe-témoin qui n'en a pas bénéficié. Les enfants participant à l'expérience ont été suivis à intervalles réguliers depuis 1962[1]. Ceux qui ont bénéficié du programme n'ont pas amélioré leurs performances aux tests de quotient intellectuel. En revanche, ils ont obtenu de meilleurs résultats aux tests évaluant les capacités non cognitives, telles que la motivation et l'autodiscipline. Ils ont aussi fait des études plus longues, ont été moins souvent au chômage, ont obtenu des salaires plus élevés. Ils ont également développé des comportements pro-sociaux, illustrés notamment par une plus faible délinquance. C'est avant tout l'amélioration des capacités non cognitives qui est à l'origine de ces résultats.

Une autre expérience a été initiée en 1983 à Montréal auprès de garçons issus de milieux défavorisés

1. Les effets du *Perry Preschool Project* ont été souvent analysés. Voir la contribution récente citée à la note précédente.

présentant des difficultés d'insertion et des signes de violence. Pendant deux ans, un groupe tiré au sort a suivi un enseignement intensif tourné vers la socialisation des participants. En particulier, ces enfants participaient à des ateliers intitulés « Prendre contact », « Offrir de l'aide », ou encore « Je suis fâché, que faire ? », « Quand je suis laissé de côté, comment réagir ? ». Chaque atelier visait à faire émerger des comportements coopératifs. Ces jeunes rentrent maintenant dans leur trentième année. Ceux qui ont bénéficié du programme ont eu des résultats scolaires bien meilleurs, présentent moins de risques de délinquance, participent plus fréquemment à la vie associative et ont plus souvent un emploi[1]. L'apprentissage de la coopération dès le plus jeune âge favorise de façon spectaculaire l'insertion économique et sociale.

Fondée sur un enseignement essentiellement vertical, assumé jusqu'ici à gauche comme à droite, notre école n'arrive pas à créer suffisamment de lien social. Cela ne signifie pas qu'il faille passer à un système où l'enseignant n'enseignerait plus parce que les savoirs émergeraient spontanément.

1. Yann Algan, Elizabeth Beasley, Sylvana Côté et Richard Tremblay, « The Long-term Effect of Early Childhood Pro-social Behavior », Document de travail Sciences-Po, 2011 ; et Richard Tremblay, « The Development of Aggressive Behavior During Childhood : What Have We Learned During the Past Century ? », *International Journal of Behavioral Development*, 24 (2), 2000, pp. 129-141.

Les élèves ont bien sûr besoin d'écouter les enseignants pour apprendre[1]. D'ailleurs, ceux qui consacrent tout leur temps à travailler en groupe ou sur des projets collectifs ont des résultats moins bons que ceux qui *alternent* séquences de travail en groupe et prises de notes de cours. De même, les méthodes qui reposent uniquement sur « le jeu libre » où l'éducateur répond systématiquement aux souhaits de l'enfant ne sont pas plus adaptées pour développer les compétences cognitives et non cognitives[2]. Par ailleurs, des initiatives locales comme l'introduction de travaux en groupe par l'intermédiaire d'orchestres[3] ou le développement de l'implication des parents dans l'école[4] montrent que des changements, même modestes, peuvent améliorer la confiance, le bien-être et les résultats scolaires. Il n'y a pas de fatalité ! Mais pour adopter des méthodes efficaces, il faut connaître leur effet et donc

1. Voir Yann Algan, Pierre Cahuc et Andrei Shleifer, « Teaching Practices and Social Capital », Mimeo cité, 2011.

2. D. P. Weikart et L. J. Schweinhart, « High/Scope Preschool Program Outcomes », in J. McCord et R.E. Tremblay (dir.), *Preventing Antisocial Behavior, Intervention From Birth to Adolescence*, New York, Guilford Press, 1992, pp. 67-86.

3. Adrian Hille, « Une évaluation des orchestres à l'école en France », http://www.institutmontaigne.org/medias/documents/note_orchestre_a_ l_ecole.pdf.

4. F. Avvisati, M. Gurgand, N. Guyon et E. Maurin, « Quels effets attendre d'une politique d'implication des parents d'élèves dans les collèges ? Les enseignements d'une expérimentation contrôlée », document de travail, École d'économie de Paris, 2010 : http://www.parisschoolofeconomics.eu/IMG/pdf/ Synthese-4p-MALLETTE-PSE.pdf.

les évaluer en permanence, ce qui est fait trop sporadiquement en France.

Ce n'est là qu'une partie des changements nécessaires. L'évaluation et l'orientation de nos élèves sont aussi responsables de leur malaise et de leur socialisation défaillante. Plus fondamentalement, nos méthodes pédagogiques et la formation de nos enseignants favorisent un élitisme forcené qui se révèle contre-productif. Y compris dans l'entreprise.

5

L'obsession hiérarchique

Geert Hofstede[1] raconte qu'un de ses collègues, professeur dans une école de commerce, avait un jour soumis un problème de gestion des ressources humaines à des groupes séparés d'étudiants français, allemands et anglais. Le problème portait sur un conflit entre deux départements d'une même entreprise. Pour le résoudre, le groupe des étudiants anglais proposait d'accroître la communication entre les deux départements, les Allemands suggéraient d'établir des règles précises afin que le problème ne se pose plus dans le futur. Quant aux Français, ils recommandaient… de renvoyer le problème à l'échelon hiérarchique supérieur !

Cet exemple est emblématique. L'univers professionnel des Français est hiérarchisé à l'extrême. Il nous angoisse, il nourrit la défiance et handicape notre économie. Malheureusement, ce réflexe est profondément enraciné dans notre société. Éduqués dans une école où nous apprenons surtout à obéir aux ordres et très peu à coopérer, nous avons besoin d'une structure

1. Geert Hofstede, « The Cultural Relativity of Organizational Practices and Theories », *Journal of International Business Studies*, vol. 14, n° 2, numéro spécial sur le « Cross-Cultural Management » (automne 1983), pp. 75-89.

envahissante pour réaliser des tâches collectives. C'est notre déficit de confiance, produit par le système scolaire, qui nous condamne à travailler dans des entreprises où nous nous sentons opprimés par des chefs omniprésents. En retour, la hiérarchisation outrancière de notre monde professionnel pousse l'école à classer et trier les élèves, dès le plus jeune âge.

Du haut... vers le bas

De 1967 à 1973, Geert Hofstede était psychologue chez IBM. Il y a collecté plus de cent mille questionnaires sur les attitudes des employés dans près de cinquante pays. Il a élaboré un « indice de distance hiérarchique » (*Power Distance Index*) pour mesurer le pouvoir des employés sur leurs subordonnés. Son indice se fonde sur des questions concernant la crainte des salariés d'être en désaccord avec leurs supérieurs hiérarchiques, l'autocratisme et la volonté des subordonnés d'être associés aux prises de décision. Geert Hofstede constate que la hiérarchie est profondément ancrée dans les mentalités, aussi bien des dirigeants que des exécutants, mais à des degrés très divers selon les pays.

Dans son classement, la France a le plus fort indice de distance hiérarchique parmi les pays industrialisés comparables. Dans l'entreprise française, les consignes partent du haut pour descendre tous les échelons sans véritable concertation. L'autonomie des salariés et leurs opportunités de coopération sont limitées plus que partout ailleurs. C'est également le constat du sociologue Philippe d'Iribarne selon lequel l'organisation de l'entreprise française serait héritée de nos monarchies passées. La nouvelle élite dirigeante issue des grandes écoles aurait remplacé l'ancienne noblesse[1].

Confiance et autonomie au travail

Les conclusions de Geert Hofstede, fondées sur le fonctionnement d'une seule entreprise, ont été confirmées par l'examen de l'autonomie des managers dans quatre mille entreprises – aux États-Unis, en Europe et en Asie[2]. L'autonomie des managers français se situe nettement au-dessous de la moyenne, loin derrière celle des managers suédois, allemands, américains et anglais, mais aussi derrière l'Italie et le Portugal[3]. Parmi les pays européens recensés, la France a l'autonomie la plus faible, juste devant… la Grèce[4].

---

1. Philippe d'Iribarne, *La Logique de l'honneur. Gestion des ressources humaines et traditions nationales*, Le Seuil, 1989.

2. Nicholas Bloom, Raffaella Sadun et John Van Reenen, « The Organization of Firms across Countries », *CEP Discussion Paper* n° 937, juin 2009.

3. Les auteurs notent que leur mesure du degré d'autonomie est parfaitement corrélée à l'indice de distance hiérarchique de Geert Hofstede, ce qui confirme la robustesse de ces classements et la mauvaise place qu'y occupe la France.

4. Ce constat n'est pas circonscrit aux seuls managers. Il s'étend à l'ensemble des salariés. Selon les Enquêtes européennes sur les conditions de travail, qui couvrent 34 pays, seuls 55,5 % des salariés français considèrent que leurs responsables ou superviseurs les encouragent à participer aux décisions importantes. C'est le plus faible sentiment de participation aux décisions de l'entreprise, loin derrière les Suédois, les Anglais ou les Allemands, mais aussi

En fait, dans chaque région, l'autonomie des managers est directement liée à la *confiance* entre ses habitants[1]. Dans les pays où la confiance mutuelle règne, les entreprises laissent une grande autonomie aux salariés qui communiquent et se coordonnent pour atteindre des objectifs communs. Si c'est au contraire la défiance qui règne, la hiérarchie doit orienter et contrôler la moindre décision individuelle. Les méthodes de management s'adaptent aux cultures locales. Comme la confiance est influencée par les méthodes d'éducation, il n'est pas étonnant de constater que les pays où ces méthodes sont plus verticales sont aussi ceux où il y a une moindre délégation de l'autorité et une moindre liberté dans l'organisation du travail[2]. Dans les pays où l'éducation verticale domine, les élèves attachent moins d'importance à la coopération avec les autres élèves et doutent plus qu'ailleurs de l'équité des enseignants. Le manque de coopération entre élèves et le manque de confiance entre niveaux hiérarchiques façonnent les relations de travail. En retour, les entreprises choisissent une gestion des ressources humaines qui s'adapte au système éducatif. C'est pour cette raison qu'en France, les entreprises et le système éducatif optent pour des orga-

---

derrière les Espagnols ou les Italiens. Voir les Enquêtes européennes sur les conditions de travail 2010, http://www.eurofound.europa.eu/surveys/smt/ewcs.

1. Elle se mesure par les réponses à la question sur la confiance présentée dans le chapitre 1. Les régions ont une dimension infranationale.

2. Yann Algan, Pierre Cahuc et Andrei Shleifer, « Teaching Practices and Social Capital », Mimeo cité, 2011.

nisations très hiérarchisées qui se renforcent mutuellement.

Le culte du diplôme

En France, la gestion hiérarchique des ressources humaines s'applique partout et notamment dans les très grandes entreprises cotées en Bourse. Chez celles-ci plus que partout ailleurs, le diplôme conditionne la place dans la hiérarchie. Ainsi, les anciens élèves de Polytechnique et de l'École nationale d'administration sont surreprésentés parmi les hauts cadres dirigeants des grandes entreprises. L'ENA et l'X sont aussi des voies privilégiées pour intégrer la haute fonction publique et faire partie des cabinets ministériels. Francis Kramarz et David Thesmar ont étudié avec minutie l'influence des réseaux des anciens élèves de ces écoles sur la gestion des entreprises cotées à la Bourse de Paris entre 1992 et 2003[1]. Ils observent une très forte corrélation entre le réseau auquel appartient un P-DG et la composition de son équipe de direction, surtout quand celui-ci a fait une carrière antérieure dans la fonction publique.

Francis Kramarz et David Thesmar constatent également que 12 % des entreprises cotées à Paris, mais représentant 65 % de la capitalisation boursière, sont dirigées par des polytechniciens ou des énarques et qu'en règle générale elles sont plutôt mal gérées !

1. Francis Kramarz et David Thesmar, « Social Networks in the Boardroom », *IZA Discussion Paper* n° 1940, janvier 2006.

Ainsi, les P-DG issus de ces deux écoles quittent-ils moins leur poste quand leur entreprise va mal. Ils cumulent plus que les autres des postes d'administrateurs dans d'autres entreprises que la leur. Lorsqu'ils se lancent dans des acquisitions, la rentabilité de ces dernières s'avère proche de zéro. En moyenne, les firmes dirigées par d'anciens élèves de ces écoles passés par la haute fonction publique – qui, pour 50 % d'entre eux, ont aussi une expérience des cabinets ministériels – sont moins rentables. Très vraisemblablement, la « sensibilité » de ces grands patrons aux cycles politiques en est la cause. Ayant des connexions politiques fortes, ils auraient ainsi tendance à créer plus d'emplois avant les élections sans que cela ne soit une nécessité absolue pour l'entreprise.

L'influence des réseaux dépasse largement l'ENA et l'École polytechnique. Un P-DG membre d'un réseau d'anciens élèves de grandes écoles prestigieuses (ENA, X-Mines, Ponts et Chaussées, Centrale, Supélec, HEC, Essec et ESCP), ou d'un réseau d'anciens membres de grands corps de l'État (inspection des Finances, Cour des comptes, Mines et Ponts et Chaussées) risque moins d'être licencié si son entreprise a des mauvaises performances lorsque des membres du conseil d'administration font partie du même réseau[1]. Comme les entreprises sont par ailleurs plus performantes

1. Bang Dang Nguyen, « Does the Rolodex Matter ? Corporate Elite's Small World and the Effectiveness of Boards of Directors », *Social Science Research Network Working Papers Series*, n° 864184, Rochester, NY : Social Science Electronic Publishing Inc., 2009.

lorsque leur P-DG est remplacé en cas de mauvais résultats[1], il y a de fortes chances que la protection fournie par le réseau de relations joue, au détriment de la bonne gestion de l'entreprise.

Cette influence des réseaux dans les grandes entreprises françaises, où certains patrons sont choisis plutôt pour leur statut que pour leur connaissance du secteur, est le signe plus général d'une véritable incapacité à gérer les promotions internes. 66 % des dirigeants des grandes entreprises en Allemagne et 51 % au Royaume-Uni ont fait une carrière interne. En France, c'est le cas seulement pour 21 % d'entre eux[2]. Les dirigeants des grandes entreprises françaises n'ont souvent qu'une faible expérience des rouages de leur propre firme. Il est donc logique qu'ils soient plus méfiants et donnent moins d'autonomie à leurs subordonnés. Et ils sont moins aptes à la diriger. Du coup, les salariés sont défiants à leur égard !

La reproduction sociale des élites

La méfiance des salariés à l'égard de leurs dirigeants ou de leurs supérieurs hiérarchiques est d'ailleurs d'autant plus marquée que le système scolaire reproduit les inégalités. Que diriez-vous d'une finale olympique du 100 m où les participants ne par-

1. Voir sur ce point la synthèse de Frédéric Palomino, *Comment faut-il payer les patrons ?*, Éditions de Rue d'Ulm, 2011.

2. Thomas Philippon, *Le Capitalisme d'héritiers : la crise française du travail,* Le Seuil, coll. « La République des idées », 2007.

tiraient pas de la même ligne de départ ? Certains s'aligneraient à 100 m, d'autres à 120 m, et enfin d'autres à 50 m de la ligne d'arrivée ? Impossible ? C'est pourtant exactement la façon dont fonctionne la sélection à l'école en France.

Le milieu familial détermine chez nous bien plus qu'ailleurs les résultats scolaires des élèves. C'est l'une des leçons les plus cruelles des enquêtes internationales[1]. La France est, avec la Hongrie et l'Autriche, le pays où l'origine des parents est la plus déterminante pour expliquer les écarts de performances entre les élèves, loin devant la moyenne des pays de l'OCDE, mais aussi devant un pays comme les États-Unis. Autre fait marquant, le patrimoine culturel des parents (mesuré par la présence de livres classiques et autres œuvres culturelles) explique plus en France que dans les autres pays de l'OCDE les écarts de performances entre les élèves[2].

Les causes de l'importance du milieu social sur les performances scolaires en France sont bien connues[3].

---

1. Plus exactement, les enquêtes Pisa de l'OCDE mesurent de façon précise le statut économique, social et culturel des parents par des indicateurs tels que le diplôme et la profession des parents ou les conditions d'habitation. Le capital culturel est mesuré par le nombre de livres et de divers biens culturels au domicile de l'enfant.

2. Voir les rapports Pisa 2009, vol. 2 : *Surmonter le milieu social*, et Pisa 2006, vol. 1 : *Analyse des résultats*.

3. On trouvera une analyse très détaillée de la situation de la France pour l'enquête Pisa 2009 dans la note d'Éric Charbonnier et Sophie Vayssettes intitulée *Note de présentation (France) Pisa 2009*, décembre 2010, OCDE, disponible à l'adresse http://www.pisa.oecd.org/dataoecd/33/7/46624019.pdf ; l'analyse de l'enquête Pisa 2009 faite par le ministère de l'Éducation

Les programmes valorisent surtout la culture des catégories socialement favorisées, fondée sur la maîtrise d'un savoir mathématique théorique et de la langue française[1]. Les enfants élevés dans des familles dont l'univers culturel est proche de celui de l'école sont très privilégiés : en 2009, 89,4 % des enfants d'enseignants accèdent à l'enseignement supérieur, alors que c'est le cas pour seulement 31,1 % des enfants d'ouvriers non qualifiés[2]. À partir du collège, les évaluations à répétition fondées sur des savoirs académiques dévalorisent les plus faibles et favorisent leur échec. Enfin, l'importance du travail demandé hors temps scolaire profite à ceux qui disposent d'un soutien à domicile ou ont les moyens d'accéder à des cours privés[3]. Bref, tout est organisé pour que l'école favorise la reproduction sociale.

---

nationale converge avec celle d'Éric Charbonnier et Sophie Vayssettes : voir Depp, *Note d'information*, n° 10-24, décembre 2010, « L'évolution des acquis des élèves de 15 ans en compréhension de l'écrit. Premiers résultats de l'évaluation internationale Pisa 2009 », disponible à l'adresse http://media.education.gouv.fr/file/2010/99/ 8/NIMENJVA1024_161998.pdf.

1. C'est le constat que dresse l'observatoire des inégalités. Voir l'article « France, le pays où le milieu social influe le plus sur le niveau scolaire », 22 février 2011 : www.inegalites.fr/spip.php?article975.

2. *Repères et références statistiques sur les enseignements, la formation et la recherche 2010*, p. 143, disponible à l'adresse http://media.education.gouv.fr/file/2010/16/9/RERS_2010_152169.pdf.

3. Observatoire des inégalités, *ibid.*

Hiérarchie et mal-être

L'organisation hiérarchique et les frustrations qu'elle engendre ont des coûts humains considérables. Elles s'accompagnent d'une forte conflictualité. La France apparaît comme le pays où les relations entre employés et managers sont les plus conflictuelles parmi l'ensemble des pays de l'OCDE[1]. Les salariés français considèrent aussi beaucoup moins souvent qu'ils peuvent demander de l'aide à leurs collègues. On comprend dès lors pourquoi les Français sont particulièrement angoissés par le travail. Près d'un salarié sur deux juge que son travail est la plupart du temps stressant. C'est plus que partout ailleurs en Europe. Conséquence logique : les Français voudraient, dans leur écrasante majorité, que le travail occupe une place moins importante dans leur vie, alors que la plupart estiment pourtant majoritairement que celui-ci est nécessaire pour développer leurs capacités[2].

Les conséquences des relations professionnelles hiérarchiques sur le stress et la santé commencent à être mieux connues. Une équipe de chercheurs a eu l'ingénieuse idée d'étudier le service public anglais pour détecter les déterminants sociaux des maladies cardiovasculaires. Ce service constituait une des organisations les plus hiérarchiques d'Angleterre. Par ailleurs, les fonctionnaires n'étaient pas soumis à la

1. *Global Competitiveness Report 2010-2011*, World Economic Forum, http://www.weforum.org/.

2. Voir Lucie Davoine et Dominique Méda, *op. cit.*, p. 46.

crainte de perdre leur emploi et les écarts de rémunération entre deux échelons étaient relativement modestes comparés à ceux du secteur privé. Le service public anglais était donc un terrain particulièrement adapté pour analyser l'effet propre du statut hiérarchique sur la santé, indépendamment du revenu ou de la crainte du chômage.

La première étude, connue sous le nom de *Whitehall I*, a suivi l'évolution de l'état de santé de dix-huit mille fonctionnaires masculins entre 1967 et 1977. Les chercheurs à l'origine de cette étude avaient initialement une mauvaise intuition. Ils pensaient que le stress et les maladies cardiaques étaient beaucoup plus répandus chez les fonctionnaires au sommet de la hiérarchie, du fait de responsabilités et de charges de travail plus importantes. En réalité, c'était l'inverse. Les fonctionnaires situés au bas de la hiérarchie (portiers, coursiers…) avaient des taux de mortalité trois fois supérieurs à ceux des dirigeants. Naturellement, ces différences peuvent s'expliquer par d'autres facteurs, comme l'obésité ou le tabagisme. En tenant compte de l'ensemble de ces facteurs, les petits fonctionnaires affichaient malgré tout des taux de mortalité deux fois supérieurs à ceux de leurs dirigeants. Pour en avoir le cœur net, une seconde enquête de grande envergure fut menée sur plus de dix mille fonctionnaires. Elle prit le soin de mesurer très finement leur état physique et mental au moment de leur recrutement, à l'âge de 35 ans, puis de suivre l'évolution de leur état de santé tout au long de leur carrière. Les fonctionnaires en bas de l'échelle sont non seulement beaucoup plus souvent victimes d'insuffisance cardiaque, mais ils développent aussi nombre d'autres pathologies, comme les dépressions, et se suicident plus que leurs collègues appartenant aux catégories supérieures.

Parmi les milliers de facteurs de risque analysés, l'ensemble des études *Whitehall* montrent que c'est *le sentiment de ne pas avoir d'autonomie et de contrôle sur son travail* qui constitue le facteur le plus important de mauvaise santé[1]. Transposée au cas français, cette étude nous fournit une des clés de notre mal-être au travail. Les relations hiérarchiques induisent du stress avec des conséquences directes sur la santé physique.

Le coût de la défiance

L'absence de coopération, caractéristique des organisations hiérarchiques, ne se limite pas à produire du stress. Elle constitue aussi un handicap économique considérable. Pressé par ses pairs d'expliquer l'origine de la richesse des nations lorsqu'il reçut le prix Nobel d'économie en 1972, Kenneth Arrow surprit tout le monde en ne mentionnant aucun facteur économique traditionnel tel que le travail ou l'accumulation de capital physique et humain, mais uniquement la confiance : « Virtuellement tout échange commercial contient une part de confiance, comme toute transaction qui s'inscrit dans la durée.

1. M.G. Marmot, G. Rose, M. Shipley et P.J. Hamilton, « Employment Grade and Coronary Heart Disease in Bristish Civil Servants », *Journal of Epidemiology and Community Health*, vol. 32, 1978, pp. 244-249. L'ensemble des recherches sur l'étude *Whitehall* sont publiées sur le site http://www.ucl.ac.uk/whitehallII/.

On peut vraisemblablement soutenir qu'une grande part du retard de développement économique d'une société est due à l'absence de confiance réciproque entre ses citoyens[1]. » Celle-ci facilite grandement les échanges entre les hommes dans des sociétés modernes complexes où il est impossible de stipuler par contrat les moindres détails des engagements des parties. À l'inverse, la défiance agit comme une véritable taxe et entrave le développement des échanges.

L'intuition d'Arrow a été confirmée par une multitude de travaux qui ont mis en lumière la relation entre la confiance et une variété de phénomènes économiques tels que l'investissement et l'innovation[2], le développement des échanges entre pays[3], le choix des actifs financiers[4], la taille et l'organisation des entreprises[5], ou encore la croissance[6]. En particulier, l'ana-

1. Kenneth Arrow, « Gifts and Exchanges », *Philosophy and Public Affairs*, vol. 1, 1972, pp. 343-362.

2. S. Knack et P. Keefer, « Does Social Capital Have an Economic Payoff ? A Cross-Country Investigation », *Quarterly Journal of Economics*, 1997. Voir également l'excellente synthèse de L. Guiso, P. Sapienza et L. Zingales, « Does Culture Affect Economic Outcomes ? », *Journal of Economic Perspectives*, 2006, 20 (2), pp. 24-48.

3. L. Guiso, P. Sapienza et L. Zingales, « Cultural Biases in Economic Exchanges », *Quarterly Journal of Economics*, 2009, 124 (3), pp. 1095-1131.

4. L. Guiso, P. Sapienza et L. Zingales, « The Role of Social Capital in Financial Development », *American Economic Review*, 2004, 94 (3), pp. 526-556.

5. R. La Porta, F. Lopez-de-Silanes, A. Shleifer et R. Vishny, « Trust in Large Organizations », *American Economic Review*, 1997.

6. G. Tabellini, « Culture and Institutions : Economic Development in the Regions of Europe », *Journal of the European Economic Association*, 2010, 8 (4), pp. 677-716.

lyse des relations entre les performances économiques et les attitudes sociales dans une trentaine de pays, du début des années 50 à nos jours, suggère que les Français pourraient accroître leur revenu de 5 % s'ils se faisaient autant confiance entre eux que les Suédois[1].

Ce constat n'est pas surprenant, car la confiance favorise l'efficacité des entreprises. Des salariés responsabilisés et reconnus ont le sentiment d'avoir voix au chapitre et d'appartenir à une même communauté d'intérêts. Ils sont plus réactifs, mieux à même de s'adapter à l'environnement et d'innover. Ils facilitent l'adoption de méthodes efficaces : décentralisation des décisions, organisation horizontale des relations de travail, travail en équipe, valorisation de l'esprit d'initiative et d'innovation[2]. Ainsi, les pays où la confiance est élevée et où les relations de travail sont peu hiérarchisées se spécialisent dans les secteurs où l'innovation et la recherche et développement sont prépondérantes[3]. À l'inverse, dans les pays où les relations de travail sont empreintes de défiance, les capacités de changement et d'innovation deviennent limitées. Quand on connaît l'importance de l'innovation aujourd'hui, on peut craindre que la France n'accumule à l'avenir des handicaps encore plus importants que par le passé. C'est

1. Yann Algan et Pierre Cahuc, « Inherited Trust and Growth », *art. cit.*, pp. 2060-2092.

2. Voir Nicholas Bloom, Raffaella Sadun et John Van Reenen, « The Organisation or Firms across Countries », *op. cit.*

3. Daron Acemoglu, Philippe Aghion, Claire Lelarge, John Van Reenen et Fabrizio Zilibotti, « Technology, Information and the Decentralization of the Firm », *Quarterly Journal of Economics*, 122 (4), 2007.

d'ailleurs ce que suggère l'évolution de la part des dépenses de recherche et développement dans le PIB. Selon cet indicateur, la France se classait en 1970 au 3e rang mondial. En 2006, elle ne se classe plus qu'au 14e rang, en dessous de la moyenne des pays de l'OCDE. Le financement en recherche civile est plus d'un tiers supérieur en Allemagne, et près du double en Finlande et en Suède[1].

Les interactions entre les méthodes d'enseignement et les stratégies de ressources humaines ont fait de la hiérarchie une véritable obsession. Cette situation absurde est en train de devenir un handicap économique de plus en plus lourd. La croissance d'après-guerre reposait sur une économie de l'imitation et de la production routinière de biens standardisés. Ce modèle s'est accompagné de relations de travail où le manager supervisait la bonne exécution de tâches prédéfinies. Une telle organisation pouvait s'accommoder d'une faible confiance. Elle n'était pas un frein à la croissance économique, comme l'illustre la période des Trente Glorieuses.

En revanche, dans les économies modernes, qui reposent sur les services et l'innovation, les initiatives individuelles et la coopération jouent un rôle primordial. La capacité des entreprises françaises à développer des méthodes de travail horizontales, qui donnent toute leur place à l'initiative et à la responsabilité de

1. OCDE, *Principaux indicateurs de la science et de la technologie*, 2007.

chacun, est donc essentielle pour promouvoir la croissance et le bien-être. Mais elle doit s'appuyer sur un profond changement des mentalités. Ce ne sera pas facile, car l'école nous inculque une conception hiérarchique des rapports sociaux dès le plus jeune âge.

6

Tous nuls (ou presque) ?

« Une fois, j'ai eu 12 de moyenne à un contrôle, je n'en ai pas dormi. » Ne nous méprenons pas. En l'espèce, la note n'est pas mauvaise, mais trop bonne. Qui peut faire des insomnies parce qu'il a de trop bons résultats ? Un professeur de mathématiques, bien sûr[1] ! Chez nous, les mathématiques sont la figure de proue de la sélection. Un prof de maths qui donne de trop bonnes notes a de fortes chances d'être jugé laxiste par ses collègues.

Dans le fond, ce que sait bien faire le système français, c'est trier et classer, comme s'il appliquait à la lettre la fameuse pensée de Napoléon Bonaparte : « Les hommes sont comme les chiffres, qui n'acquièrent de valeur que par leur position. » Il faut distinguer les bons, et pour qu'il y ait des bons, il faut des moins bons. À ce jeu, presque tout le monde est perdant, sauf une infime minorité, celle qui réussit toutes les meilleures grandes écoles ; et encore, le seul qui gagne vraiment, c'est « Le » premier de « La » meilleure grande école. Tous les autres sont des « moins bons ». Telle est la logique, car en France, le diplôme, si possible agrémenté du classement, est un titre qui confère

1. Ce témoignage est cité dans l'ouvrage d'André Antibi, *La Constante macabre*, Math'Adore, 2003, p. 47.

des droits et ouvre l'accès à une place dans la hiérarchie sociale[1]. Les études sont d'abord conçues comme un classement sur une échelle stratifiée où le niveau compte plus que le contenu. Pour les jeunes Français et leur famille, tout se joue donc là : être classé scolairement revient à être classé socialement.

La constante macabre

Chez nous, les enseignants se sentent obligés, pour être crédibles, d'afficher un certain pourcentage de mauvaises notes, même dans les classes de bon niveau : une « constante macabre » qu'André Antibi évalue à environ un tiers des notes[2]. Un « bon prof » ne saurait guère distribuer que des bonnes notes, il doit nécessairement afficher une proportion significative de mauvaises notes pour être crédible. Les techniques pour en arriver là sont variées : barème, difficulté des questions ou encore longueur du sujet. Cette pratique est un révélateur de notre culture du tri et du classement, et de ses effets potentiellement dévastateurs. Enkystée dans notre manière d'évaluer les élèves, elle ne peut qu'entraîner un manque d'estime de soi chez une grande partie d'entre eux. Si une évaluation n'est crédible que lorsqu'elle affiche un certain pourcentage

1. Philippe d'Iribarne, *La Logique de l'honneur*, *op. cit.* ; Marie Duru-Bellat, *L'Inflation scolaire. Les désillusions de la méritocratie*, Le Seuil, coll. « La République des idées », 2006.

2. Voir les ouvrages d'André Antibi, *La Constante macabre*, *op. cit.* ; et *Les Notes : la fin du cauchemar*, Math'Adore, 2007.

d'échecs, de nombreux élèves obtiennent de « mauvais » résultats scolaires, indépendamment de leur travail et de leur bonne volonté. Bien évidemment, ces élèves proviennent majoritairement des milieux défavorisés, éloignés des codes et de la culture scolaire[1].

Un acharnement absurde

Un constat d'abord : le redoublement est plus répandu en France que partout ailleurs. Près de 40 % des élèves de 15 ans ont déjà redoublé au moins une fois au cours de leur cursus scolaire[2]. L'immense majorité des pays de l'OCDE ont des taux de redoublement inférieurs à 20 %. Dans la plupart des cas, on privilégie le passage dans la classe supérieure, accompagné d'une aide personnalisée. Le Japon et la Corée du Sud ont même instauré le passage *automatique* dans la classe supérieure. Ces pays se classent pourtant en tête pour les performances scolaires.

1. André Antibi propose un système d'évaluation fondé sur un « contrat de confiance » où il s'agit de ne pas piéger les élèves et d'instaurer la transparence et un climat de confiance. En substance, l'enseignant donne aux élèves, une semaine à l'avance, une liste de questions parmi lesquelles se trouvent celles de l'examen. Avec son aide, les élèves travaillent ces questions en demandant toutes les explications qu'ils désirent. Les quatre cinquièmes de l'examen portent alors sur les questions que les élèves auront déjà corrigées en classe. Ainsi, les élèves savent que s'ils travaillent ces questions, ils réussiront. L'avantage de ce système est de limiter l'échec injuste, celui qui engendre précisément une perte de confiance en soi.

2. Selon les évaluations de Pisa 2003 et 2006.

Le suivi des élèves du CP au CE2 illustre parfaitement l'inefficacité de ce système absurde[1] : les élèves les plus faibles progressent de manière identique, qu'ils aient ou non redoublé le CP. À profil de compétences semblables, celui qui redouble son CP n'a pas de meilleurs résultats au début du CE2 que son camarade non redoublant. Pire, le redoublement creuse les différences initiales dans les résultats scolaires, et cela va en s'amplifiant au cours de la scolarité[2].

Le redoublement est une humiliation pour les élèves. Il dégrade leur estime de soi, diminue leur motivation et leur sentiment d'appartenance à l'école. Il est vécu comme une punition et non comme une seconde chance. C'est le constat préoccupant dressé par le ministère de l'Éducation nationale[3]. Même quand ils ont de bons résultats, les redoublants ont tendance à systématiquement se sous-estimer et à avoir une perception pessimiste de leurs capacités par rapport à leurs compétences véritables. Cette dévalorisation de soi a des conséquences directes sur la motivation et l'anxiété. À compétences égales, les élèves qui ont redoublé sont beaucoup plus nombreux que les

1. Olivier Cosnefroy et Thierry Rocher, « Le redoublement au cours de la scolarité obligatoire : nouvelles analyses, mêmes constats », *Éducation et formations*, n° 70, 2004.

2. Jean-Paul Caille, « Le redoublement à l'école élémentaire et dans l'enseignement secondaire : évolution des redoublements et parcours scolaires des redoublants au cours des années 1990-2000 », *Éducation et formations*, n° 69, 2004.

3. Olivier Cosnefroy et Thierry Rocher, « Le redoublement au cours de la scolarité obligatoire : nouvelles analyses, mêmes constats », *op. cit.*

élèves « à l'heure » à n'éprouver aucun plaisir à l'école, à se dire : « Je me demande bien ce que je fais à l'école. Si je pouvais, je n'irais pas. » Ils sont également beaucoup plus nombreux à être stressés par les relations avec leurs camarades et à vivre dans l'angoisse de décevoir leurs proches et leurs parents.

Un malaise inégalé

« Ici, on passe notre temps entre l'ennui et l'effroi », « C'est un endroit où l'on vient parce qu'on est forcés d'y aller, parce qu'on y est contraints », ce qu'il faudrait c'est « qu'on nous aide à nous construire ! »... Ces lamentations pourraient émaner des détenus de nos prisons surpeuplées. Mais non, ce sont des plaintes récurrentes de lycéens, recueillies par Richard Descoings, directeur de Sciences-Po, lors de son analyse des lycées français en 2009[1].

L'école est un milieu anxiogène, une machine à trier, à classer et à diviser. Cette perception est spécifiquement française. Elle ne se retrouve pratiquement jamais à un tel degré dans d'autres pays développés. Telle est l'image alarmante donnée par de nombreuses enquêtes nationales et internationales[2]. À la question posée dans quarante pays différents : « Vous sentez-vous chez vous à l'école ? », plus d'un de nos enfants

---

1. Richard Descoings, *Un lycée pavé de bonnes intentions*, Robert Laffont, 2010.

2. Des indicateurs sur le bien-être des élèves sont fournis par les enquêtes Pisa, 2000 et 2003.

sur deux répond par la négative. C'est de loin la pire situation de tous les pays. En moyenne, dans les pays de l'OCDE, plus de quatre élèves sur cinq déclarent se sentir chez eux à l'école, qu'ils habitent en Europe continentale, méditerranéenne ou dans les pays anglo-saxons. Ces pays ont pourtant des systèmes éducatifs très divers, mais c'est en France que l'école est le plus perçue comme un univers étranger[1].

Nos enfants ne se sentent pas seulement étrangers à l'école. L'école y est aussi plus fréquemment une source d'angoisse. L'ampleur du stress face aux mathématiques, qui constituent chez nous l'outil de sélection privilégié, est révélatrice : 57 % des élèves français de 15 ans se déclarent angoissés face à cette matière[2]. Parmi les 30 pays de l'OCDE pour lesquels

---

1. Ce mal-être à l'école se répercute dans la vie d'adulte. En comparant différentes vagues d'immigration dans de nombreux pays d'Europe, Claudia Senik a constaté qu'en France, les immigrés ayant effectué leur scolarité dans l'Hexagone sont moins heureux que ceux qui n'ont pas été à l'école chez nous. Ce résultat ne s'observe pas dans les autres pays. Il signifie que notre école contribue spécifiquement à notre mal-être. Voir sa communication : « The French Unhappiness Puzzle : the Cultural Dimension of Happiness », Paris School of Economics, *Working Paper* n° 2011, 34 : http://hal-pse.archives-ouvertes.fr/PSE/halshs-00628837/fr/

2. L'étude Pisa 2003 consacrée à la culture mathématique des élèves de 15 ans leur demande de réagir aux affirmations : « Je suis souvent inquiet de ne pas être au niveau dans ma classe de mathématiques », « Je deviens très nerveux lorsque je dois résoudre des problèmes en mathématiques », « Je deviens très tendu lorsque je dois faire mes devoirs de mathématiques à la maison » et « Je suis inquiet d'avoir des mauvaises notes en mathématiques ». Pour chaque question, les réponses possibles sont : « Totalement en

les données sont disponibles, nos enfants se classent au 3e rang en matière d'angoisse, derrière les Mexicains et les Coréens et à égalité avec les Japonais. C'est dans les pays nordiques que les élèves se sentent le moins angoissés face aux mathématiques. Moins d'un élève sur quatre se déclare anxieux en Hollande, en Suède ou au Danemark. Les nôtres sont aussi particulièrement stressés par l'évaluation : trois sur quatre se disent « inquiets d'avoir des mauvaises notes en mathématiques[1] ».

Élitisme et stress

Des expériences menées dans diverses disciplines nous éclairent sur les effets nocifs de la culture du classement. L'une d'elles consiste à observer le niveau de cortisone que sécrètent les personnes qui résolvent des problèmes de mathématiques[2]. La cortisone est

---

accord », « En accord », « En désaccord », « Totalement en désaccord ». Nous calculons la part moyenne des élèves qui se disent « Totalement en accord » ou « En accord » sur l'ensemble de ces questions pour déterminer notre indicateur d'anxiété des élèves : une majorité (57 %) se déclare anxieux.

1. La forte anxiété de nos enfants – pas seulement face aux mathématiques est confirmée par de nombreuses enquêtes dans l'Hexagone. Selon une étude de l'Observatoire régional de la santé conduite en 2008 dans 35 lycées, la moitié des élèves de 17 ans se sentent déprimés, plus des deux tiers se disent nerveux, et la quasi-totalité se déclarent fatigués. Voir http://www.orsbn.org/Etudes/Bulletins/bulletin23.pdf.

2. S. Dickerson et M. Kemeny, « Acute Stressors and Cortisol Responses : a Theoretical Integration and Synthesis of Laboratory Research », *Psychological Bulletin*, 130 (3), 2004, pp. 355-391.

l'une des hormones du stress les plus importantes. Elle est stimulée par notre cerveau pour nous protéger physiologiquement lorsque nous percevons des situations de danger. Premier résultat rassurant de cette expérience, qui pourra en étonner certains : les maths ne sont pas stressantes en soi. Des opérations simples n'induisent aucun stress, elles nécessitent juste de la concentration. En revanche, le niveau de cortisone, et donc de stress, s'accroît considérablement lorsque les résultats sont *comparés en public et évalués*.

Plus généralement, les situations où la réalisation d'une tâche se traduit par un classement conduisent à une forte élévation du niveau de cortisone et de stress. C'est la peur de ne pas être à la hauteur par rapport aux autres qui crée du stress. La neurobiologie montre que nous apprenons beaucoup mieux lorsque nous nous sentons soutenus et confortés dans nos aptitudes à réussir. En situation de stress ou d'angoisse, notre cerveau relâche de la cortisone qui limite nos facultés de raisonnement et de mémoire. En revanche, lorsque nous nous sentons bien, notre cerveau relâche de la dopamine, qui aide au contraire nos capacités de mémorisation et de raisonnement.

De nombreuses expériences de terrain confirment l'effet négatif du classement sur nos capacités, en particulier chez les plus désavantagés. L'une des plus célèbres, menée par des économistes de la Banque mondiale, concerne celle des enfants indiens appartenant à différentes castes[1]. Elle a consisté à réunir des

1. K. Hoff et P. Pandey, « Belief Systems and Durable Inequalities : An Experimental Investigation of Indian Caste », *Policy Research Working Paper*, World Bank, 2004.

élèves de 11 ans par groupes de six, en mélangeant des élèves de castes inférieures et de castes supérieures. Dans chaque groupe, les élèves doivent résoudre des jeux : il s'agit de tracer sur un papier le chemin de sortie d'un labyrinthe. Dans un premier temps, les élèves ne reçoivent aucune information sur la caste d'appartenance des autres et ne peuvent pas la deviner sur la simple apparence. Les élèves de basses castes résolvent alors les différentes tâches aussi bien, et même un peu mieux, que ceux des hautes castes. Puis, l'instructeur annonce publiquement le nom de chaque élève et révèle ainsi sa caste aux autres membres du groupe. Après cette annonce, les performances des élèves de basses castes diminuent significativement, avec un écart de près de 25 % par rapport à ceux des hautes castes !

Le plus étonnant est la rapidité avec laquelle les stéréotypes influencent les comportements. Le professeur Jane Elliott a tenté de sensibiliser ses élèves au racisme, au lendemain de l'assassinat de Martin Luther King, en 1968. Elle annonça dans un premier temps que des recherches scientifiques prouvaient que les personnes aux yeux bleus étaient plus intelligentes que celles aux yeux marron. Très rapidement, le groupe d'élèves aux yeux bleus commença à adopter des comportements de domination sur les élèves aux yeux marron. Ces derniers virent leurs résultats chuter. Les jours suivants, elle annonça qu'elle s'était trompée dans la lecture des résultats scientifiques, et que c'étaient les personnes aux yeux marron qui étaient les plus intelligentes. Les relations de domination et les performances scolaires s'inversèrent rapidement entre les groupes d'élèves[1].

Peut-on évaluer sans classer ?

Faut-il supprimer toutes les notes et tous les classements dans le système scolaire ? La réponse est naturellement non. Il est nécessaire d'avoir des évaluations sur les progrès des élèves, mais elles peuvent être plus graduelles, moins anxiogènes et *in fine* produire de meilleurs résultats. La comparaison entre les systèmes français et finlandais est très éclairante sur ce point.

La Finlande se classe régulièrement en tête de tous les classements internationaux sur les compétences des élèves. L'apprentissage intensif de la lecture et des mathématiques ne commence qu'à partir de 7 ans. Auparavant, le jardin scolaire (1-6 ans) et l'éducation préscolaire (6-7 ans) sont consacrés à l'éveil des aptitudes le matin et à des activités en groupe l'après-midi. Jusqu'à l'âge de 9 ans, les élèves ne sont pas notés. Une première évaluation des compétences a lieu à 9 ans puis à 11 ans, sans notes chiffrées. Les redoublements sont interdits : les élèves en difficulté reçoivent une aide supplémentaire. Les évaluations chiffrées apparaissent à partir de 13 ans. Autrement dit, le système finlandais s'assure, avant tout, que l'ensemble des enfants ont acquis un socle commun de compétences. L'important

1. Une description détaillée de cette célèbre expérience est donnée dans le livre de William Peters, *A Class Divided : Then and Now*, New Haven, Yale University Press, 1987.

à ce stade n'est pas de classer les bons et les mauvais, mais de vérifier si l'élève a la compétence requise. Par ailleurs, les notes vont de 4 à 10. Les notes inférieures, en particulier le zéro pointé, ont été supprimées, car jugées trop humiliantes. L'élève obtient la note de 4 s'il n'a pas acquis la compétence, et entre 5 et 10 en fonction de son niveau de maîtrise de la compétence.

Le rythme des évaluations s'intensifie à partir du lycée : chaque période de cours de six semaines se termine par des évaluations guidées par la volonté de valoriser ce qui est su plutôt que ce qui n'est pas su, en donnant le sentiment à l'élève qu'il peut toujours avoir une nouvelle chance. Le système d'évaluation finlandais l'illustre parfaitement : les élèves apprennent très bien en l'absence du bâton !

Former les professeurs

Enseigner ne s'improvise pas, il faut être formé pour cela. C'est le cas dans toute l'Europe, sauf chez nous. En Finlande, comme désormais en France, les enseignants du primaire et du secondaire sont sélectionnés sur la base de compétences de niveau master. Cependant, là-bas, les professeurs reçoivent une véritable formation en pédagogie, *tout au long de leurs cinq années d'études.*

Prenons l'exemple de la formation des étudiants qui se destinent à devenir professeurs du secondaire. Après un cursus universitaire de deux ans dans la discipline de leur choix, ils doivent présenter un dossier d'admission dans une « faculté d'éducation », spécialement vouée à l'apprentissage de la pédagogie. Le futur enseignant est sélectionné à partir de tests et de mises en situation qui accordent une place prépondérante à l'intérêt qu'il porte aux enfants. S'il est retenu, il doit alors mener de front un double cursus : études de pédagogie dans la faculté et études disciplinaires dans son université initiale. Les facultés d'éducation disposent toutes d'une école d'application, avec des équipements de pointe et des professeurs expérimentés qui encadrent les étudiants lors de périodes de stage régulières[1]. Pour les enseignants d'école primaire, le rôle de la pédagogie est encore plus important. Les candidats doivent être également titulaires d'un master en science de l'éducation et avoir passé au minimum trois ans comme assistants dans une école pour être diplômés. En école maternelle, interviennent essentiellement des pédagogues, formés aux différentes méthodes d'apprentissage chez le petit enfant[2]. La France est, à l'inverse, l'un des seuls pays où les enseignants de la maternelle et de l'école primaire sont recrutés à partir du même concours.

Les réformes de l'éducation mises en œuvre sous le quinquennat de Nicolas Sarkozy ont confirmé la pré-

1. Pour une présentation détaillée des systèmes de formation, se référer au rapport de la Commission européenne : Eurydice, « La profession enseignante en Europe : profil, métier et enjeux », rapports 2002 et 2008. Pour un voyage initiatique et ludique d'un professeur français à la découverte du miracle finlandais, voir Paul Robert, *La Finlande : un modèle éducatif pour la France ?*, ESF éditeur, 2008.

2. Pour une comparaison détaillée des systèmes d'éducation de la petite enfance entre pays de l'OCDE, se référer au rapport « Staring Strong II : Early Childhood Education and Care », OCDE, 2006.

pondérance du savoir académique dans la formation des professeurs. L'obligation de détenir un master pour présenter les concours de l'enseignement se situe certes dans la ligne des bonnes pratiques internationales, mais l'apprentissage de la pédagogie occupe encore moins de place qu'auparavant ! Avant ces réformes, toute personne reçue au concours devait effectuer dans la foulée une année de stage rémunérée. Aujourd'hui, les futurs professeurs pourraient n'avoir jamais vu d'élèves avant leur entrée en fonction, les stages face aux élèves étant désormais non obligatoires et non rémunérés. *In fine*, la France est le seul pays d'Europe où les enseignants sont recrutés sur concours avant toute formation pédagogique. Ils sont sélectionnés uniquement en fonction de leurs connaissances académiques. Comment leur demander d'enseigner autre chose qu'un savoir calibré pour une petite élite et compréhensible uniquement par elle ? Comment peut-on espérer former ainsi des adultes capables de dialoguer ?

7

L'introuvable dialogue social

À la fin du XIXe siècle, le Danemark était le théâtre de conflits répétés et violents entre patrons et salariés. Le Danemark était alors le pays européen où les relations de travail étaient les plus conflictuelles. En 1899, le pays tout entier s'embrasa et fut paralysé pendant trois mois. Pour mettre fin à cette situation, une Constitution du travail promulgua la reconnaissance mutuelle de la légitimité des syndicats d'employeurs et d'employés. Ce pacte social, toujours en vigueur, a transféré aux partenaires sociaux la pleine compétence pour négocier directement l'ensemble des conditions de travail – notamment la formation, les rémunérations et les allocations de chômage. Cette réforme a enclenché un cercle vertueux favorisant le dialogue social fondé sur un syndicalisme de services[1]. Aujourd'hui, le pays jouit du taux de syndicalisation le plus élevé et des relations de travail les plus coopératives au monde.

Les relations professionnelles dans la France du XXIe siècle ressemblent à celles du Danemark à la fin du XIXe siècle. Elles y sont le plus souvent exécrables. C'est l'opinion exprimée par les managers quand on

1. Colin Crouch, *Industrial Relations and European State Traditions*, New York, Oxford University Press, 1994.

leur pose la question : « Les relations entre employés et employeurs sont-elles conflictuelles ou coopératives ? » Le classement des réponses situe la France parmi les champions de la conflictualité puisqu'elle occupe la 129e place sur les cent trente-neuf pays examinés par le Forum économique mondial[1]. Piètre consolation : juste derrière nous il y a le Venezuela, le Tchad ou encore le Népal. En fait, nous n'avons jamais quitté la queue du peloton depuis que ces enquêtes existent, c'est-à-dire depuis 1993[2]. Les cadres dirigeants des entreprises françaises jugent donc, de manière écrasante, que les relations sociales sont fortement conflictuelles. Les salariés partagent la même opinion[3].

Mais l'histoire du Danemark souligne avec force qu'il n'existe pas de culture perpétuelle du conflit. La conflictualité n'est pas plus inscrite dans les gènes des Français que dans ceux des Danois.

---

1. Ces chiffres portent sur l'année 2010. Voir le tableau 7.01 intitulé « Cooperation in Labor-employer Relations », p. 444 du *Global Competitiveness Report 2010-2011*, World Economic Forum, http://www.weforum.org/.

2. Il n'est pas inintéressant de noter que les pays de l'Europe du Sud sont, en règle générale, très mal classés également, mais cependant devant nous. Pour l'enquête 2009-2010, le Portugal se classe 96e, l'Espagne 103e, l'Italie 121e et la Grèce 127e.

3. Philippe Aghion, Yann Algan et Pierre Cahuc, « Can Policy Interact with Culture ? Minimum Wage and the Quality of Labor Relations », *Journal of the European Economic Association*, 9 (1), 2011, pp. 3-42.

La boîte noire du conflit

La syndicalisation serait-elle responsable de l'exceptionnelle conflictualité de nos relations sociales ? Sûrement pas : ce n'est pas le nombre de syndiqués qui engendre des situations conflictuelles, ce serait même exactement l'inverse. Il y a environ 8 % de syndiqués en France – le taux le plus faible de tous les pays de l'OCDE ! C'est en Suisse, en Suède, au Japon, au Danemark, aux Pays-Bas, en Autriche ou encore en Allemagne que les relations sociales sont de meilleure qualité. Or tous ces pays ont des taux de syndicalisation très élevés[1]. La conflictualité provient de la *nature* du syndicalisme. Un syndicalisme de masse favorise la coopération. Un syndicalisme de professionnels de la représentation avec peu d'adhérents, comme c'est le cas en France, favorise la culture du conflit.

Quel est l'impact concret de la négociation sur les méthodes de travail, sur la coopération entre salariés et sur leur productivité ? Premier constat[2] : ce ne sont pas les pratiques de management en elles-mêmes qui

---

1. Le taux de syndicalisation représente le pourcentage de personnes syndiquées parmi l'ensemble des salariés. Il atteint 73 % au Danemark, 74 % en Finlande et 78 % en Suède.

2. Nous nous appuyons sur le travail de Sandra Black et Lisa Lynch qui ont exploité une enquête de grande ampleur auprès de plus de 3 000 entreprises américaines au cours des décennies 80 et 90. Toutes deux correspondent à la période de diffusion de l'informatique et des nouvelles technologies de l'information qui ont suscité d'importantes modifications dans les méthodes de travail. Sandra Black et Lisa Lynch, « How to Compete : the Impact of Workplace

expliquent la productivité des employés. Ainsi, le toyotisme et son « zéro défaut » ont peu de rapports avec l'efficacité des entreprises. En revanche, la façon dont les méthodes de management sont mises en place est essentielle. Elles améliorent la productivité des employés si ces derniers participent à leur élaboration et à leur mise en œuvre. Les entreprises où les employés ont des réunions fréquentes avec leur direction pour donner leur avis sur la stratégie à suivre ont une productivité beaucoup plus élevée que les autres.

Deuxième constat : les entreprises dotées de syndicats représentant les employés ont une meilleure capacité d'adaptation aux nouvelles méthodes de management, sont plus coopératives et ont une bien meilleure productivité[1]. Les syndicats peuvent améliorer la qualité des relations de travail en permettant aux salariés d'exprimer leur opinion plutôt que de choisir entre le conflit ou la démission[2]. Cette conception du rôle des syndicats rappelle la description que Tocqueville donne des associations, conçues comme de petits laboratoires sociaux qui permettent de faire l'expérience de la coopération. Ainsi, on a pu constater que des agriculteurs sont d'autant plus économes dans l'utilisation de l'eau qu'ils ont été consultés dans l'élaboration des règles d'irrigation. Les communes et can-

---

Practices and Information Technology on Productivity », *Review of Economics and Statistics*, 83 (3), 2011, pp. 434-445.

1. Sandra Black et Lisa Lynch, art. cit.

2. Albert O. Hirschman, *Exit, Voice, and Loyalty : Responses to Decline in Firms, Organizations, and States*, Harvard University Press, 1970.

tons où la démocratie politique est le plus enracinée, avec de fortes participations aux élections, ont les taux d'évasion fiscale les plus faibles[1]. Des expériences en laboratoire confirment ce constat[2] : des joueurs qui décident des règles organisant leur coopération sont plus généreux et plus confiants que lorsque les mêmes règles leur sont imposées par une tierce personne[3]. Autrement dit, des règles ou des politiques ont d'autant plus de chances d'être efficaces qu'elles ont été décidées d'un commun accord, et non pas imposées[4].

La syndicalisation recule

La très faible représentativité des syndicats en France pourrait donc expliquer en partie la faible qualité de nos relations de travail. Au sortir de la Seconde Guerre mondiale, il y avait encore 29 % de travailleurs syndiqués en France. Dorénavant, ils ne sont plus qu'environ 8 %. Ce chiffre global, d'une insigne faiblesse, masque une grande disparité entre les salariés

1. Bruno Frey, « Institutions and Morale : The Crowding-out Effect », dans *Economics, Values, and Organization*, Avner Ben-Ner et Louis Putterman (dir.), New York, Cambridge University Press, 1998, pp. 437-460.

2. Ces expériences portent sur le « jeu de confiance » présenté au chapitre 1.

3. Pedro Dal Bo, Andrew Forster et Louis Putterman, « Institutions and Behavior, Experimental Evidence on the Effects of Democracy », *American Economic Review*, vol. 100 (5), 2010, pp. 2205-2229.

4. Elinor Ostrom, *Governing the Commons : The Evolution of Institutions for Collective Action*, *op. cit.*

sous statut, bénéficiant de solides garanties d'emploi – ce sont principalement tous les fonctionnaires, les agents des transports et les salariés des grandes entreprises nationales comme la SNCF, EDF, la RATP ou encore Aéroports de Paris – et tous les autres. Le taux de syndicalisation dans les entreprises sous statut avoisine les 17 %, mais il ne serait que de 3,6 % dans le reste de l'économie[1]. La vie syndicale française est en train de s'éteindre. Aujourd'hui, elle se résume à quelques dizaines de milliers de professionnels de la représentation, issus pour la plupart des entreprises sous statut, financés de manière obscure et plus préoccupés par la survie de leurs organisations que par les attentes des salariés et l'amélioration de l'efficacité du tissu économique[2].

En France, les syndicats de salariés et les organisations patronales participent conjointement à la gestion d'organismes sociaux et de services collectifs comme la Sécurité sociale, l'assurance chômage, les caisses de retraite ou encore la formation professionnelle. C'est ce qui s'appelle le « paritarisme ». Seuls les syndicats

1. Dominique Andolfatto et Dominique Labbé estiment qu'il y a 23,5 millions de salariés et 1,8 million de syndiqués. Ils dénombrent approximativement 7 millions de salariés à statut protégé qui fournissent les deux tiers des syndiqués. Quelques petits calculs simples permettent alors d'établir qu'il y a environ 17 % de syndiqués dans les entreprises sous statut et 3,6 % dans le reste des entreprises. Voir leur livre, *Toujours moins !*, Gallimard, coll. « Le Débat », 2009, pp. 23-24.

2. Voir les analyses éclairantes et détaillées de Dominique Andolfatto et Dominique Labbé, dans *Toujours moins !*, *op. cit.*, et leur *Histoire des syndicats en France (1906-2006)*, Le Seuil, 2006. Voir aussi le livre écrit sous la direction de Dominique Andolfatto, *Les Syndicats en France*, La Documentation française, 2007.

« représentatifs » ont ce pouvoir et pour être un syndicat représentatif, il faut, depuis la loi « portant rénovation de la démocratie sociale et réforme du temps de travail » votée le 20 août 2008, avoir obtenu suffisamment de voix aux élections professionnelles. Par ailleurs, seuls les syndicats représentatifs sont à même de participer aux négociations nationales interprofessionnelles. La conséquence de ces règles de fonctionnement du paritarisme est que le pouvoir réel des syndicats ne dépend pas de leurs effectifs mais de leur audience électorale, comme les partis politiques.

Les syndicats français n'ont pas besoin d'adhérents car leurs ressources ne proviennent que marginalement des cotisations. Là réside le problème principal. Leur financement est au cœur de l'indigence de notre dialogue social. En France, ils perçoivent d'importantes subventions de l'État, des collectivités locales et des comités d'entreprise. Il est d'ailleurs difficile d'avoir une estimation fiable de ce chiffre, car, depuis la loi Waldeck-Rousseau votée en 1884, les syndicats ne sont pas obligés de publier leurs comptes, et la loi du 20 août 2008 n'a guère amélioré le tableau en matière de transparence[1]. Selon Bernard Vivier, direc-

1. La loi Waldeck-Rousseau, votée le 21 mars 1884, vise tous les groupements professionnels et non les seuls syndicats de salariés. Elle n'impose aucune obligation de publication de comptes. La loi Waldeck-Rousseau apporte des garanties de confidentialité sur le fonctionnement des syndicats pour leur permettre de sortir d'une longue période de clandestinité et de répression policière. Les décrets d'application de la loi « portant rénovation de la démocratie sociale et réforme du temps de travail » parus en décembre 2009 ne prévoient aucune sanction en cas de non-publication des comptes et

teur de l'Institut supérieur du travail, en tenant compte de tous les avantages directs et indirects dont bénéficient les syndicats, la part des cotisations dans leurs ressources se situerait entre 15 et 20 %[1]. Cette situation ne se rencontre dans aucun autre pays démocratique. En Belgique, en Allemagne, en Grande-Bretagne, en Italie ou en Suède, le montant des cotisations représente environ 80 % des recettes totales des syndicats. La Belgique, avec 400 millions d'euros de cotisations encaissées, en perçoit deux fois plus que l'ensemble des organisations syndicales françaises, qui en déclarent 190 millions[2].

Le nerf de la guerre

Mais la principale ressource des syndicats vient d'une autre particularité française : la « mise à disposition » de personnels. Cette pratique occupe une place centrale dans l'organisation des syndicats. Dans les différentes fonctions publiques ou dans les entreprises sous statut comme EDF ou la SNCF, des agents sont détachés (à temps partiel ou à temps plein) auprès

---

les énormes ressources que constituent les « mises à disposition » (voir plus bas) ne sont pas incluses dans les comptes. La transparence financière des syndicats n'existe donc toujours pas.

1. Ces chiffres sont extraits de l'article de Dominique Andolfatto, « Financements des syndicats : nouvelles réflexions », disponible sur le site de l'Institut supérieur du travail à l'adresse http://www.istravail.com/article16.html.

2. Jacques Marseille, « L'argent des syndicats », *Le Point*, n° 1780, décembre 2006.

d'une organisation syndicale. Ils se consacrent alors à des activités syndicales tout en continuant à percevoir leur rémunération et à bénéficier des avancements de carrière. Les « mis à disposition » ne restent pas obligatoirement dans leur administration ou entreprise d'origine, certains d'entre eux peuvent être affectés au siège d'une fédération ou d'une confédération syndicale. Les mises à disposition sont négociées entre les administrations et les organisations syndicales concernées. Il est très difficile de connaître précisément leur nombre, une hypothèse basse serait de quarante mille « mis à disposition » en équivalents temps plein[1]. La croissance des mises à disposition n'a fait que suivre celle des permanents syndicaux[2]. Ainsi, à la CGT, de 1970 à nos jours, le nombre d'adhérents a été divisé par 2,5, mais celui des permanents a été multiplié dans le même temps par 5 : autrement dit, un permanent pour vingt-cinq mille adhérents hier, un pour deux mille aujourd'hui. Ces mises à disposition contribuent à la très faible implantation syndicale dans les entreprises

1. Dominique Andolfatto et Dominique Labbé observent que, dans plusieurs administrations ou entreprises sous statut, environ 0,7 % à 1 % du personnel se trouve être détaché dans des organisations syndicales, ce qui les conduit à avancer une hypothèse basse de 40 000 « mis à disposition » en équivalents temps plein. Voir leur *Histoire des syndicats en France (1906-2006)*, *op. cit.*

2. Un « permanent syndical » est une personne syndiquée déchargée de tout ou partie de son activité professionnelle pour pouvoir se consacrer à la vie de son organisation. Selon cette définition, les « mis à disposition » sont tous des permanents, mais il existe des permanents syndicaux qui ne sont pas des « mis à disposition ». Beaucoup de responsables syndicaux de tout premier plan ont été ou sont des « mis à disposition ».

– en particulier les petites entreprises – et à la faiblesse du dialogue social en leur sein.

L'indépendance et la représentativité d'une organisation ne peuvent être assurées que si elle dispose de ressources propres. Les mises à disposition et les contributions publiques, auxquelles s'ajoute la responsabilité de masses financières considérables transitant par les organismes paritaires, éloignent tous les jours un peu plus les syndicats français de cette condition. Le scandale de l'UIMM, où le patronat est accusé d'avoir utilisé une caisse noire pour « fluidifier le dialogue social », est une conséquence de ce fonctionnement pervers du paritarisme[1].

L'action syndicale déconsidérée

Le plus souvent détachés de l'administration ou de grandes entreprises publiques, les permanents syndicaux connaissent mal le fonctionnement réel des entreprises. Les « mis à disposition » ont souvent le sentiment de bénéficier d'un mandat général pour décider au nom des salariés sans les consulter, tandis

1. L'Union des industries et métiers de la métallurgie (UIMM) est l'une des organisations les plus importantes du Medef. Son ex-président, Denis Gautier-Sauvagnac, a été mis en examen en janvier 2008. Il est soupçonné d'avoir détourné entre 2006 et 2007 près de 19 millions d'euros. Ces derniers auraient été reversés, en partie, à certains syndicats de salariés afin, selon les propres termes de Denis Gautier-Sauvagnac, de « fluidifier le dialogue social ». Voir l'ouvrage de Roger Lenglet, Jean-Luc Touly et Christophe Mongermont, *L'Argent noir des syndicats*, Fayard, 2008.

que les salariés perçoivent leurs représentants comme des privilégiés faisant carrière dans une bureaucratie parallèle et échappant aux contraintes du métier[1].

Dans ces conditions, il n'est pas étonnant que les Français n'aient pas une très bonne opinion de leurs syndicats. En 2010, environ la moitié des Français déclarent leur faire confiance, et l'autre moitié s'en méfier. Ce score « équilibré » n'est pas du tout bon signe pour la qualité du dialogue social. Il devrait y avoir une écrasante majorité de personnes à avoir confiance dans les syndicats, car ceux-ci sont censés défendre les intérêts de tous les salariés. À titre d'illustration, seulement 13 % de Finlandais s'en méfient ! De même, à la question : « Pour défendre vos intérêts en tant que salarié, qu'est-ce qui est le plus efficace ? », 51 % des Français répondent qu'il faut discuter directement avec sa hiérarchie et seulement 20 % répondent qu'il faut s'adresser aux syndicats[2].

---

1. Voir l'analyse de Dominique Andolfatto et Dominique Labbé, *Histoire des syndicats en France (1906-2006)*, *op. cit.*, p. 348.

2. Sondage TNS-Sofres pour le mensuel *Dialogues*, « L'image des syndicats à l'automne 2010 », http://www.tns-sofres.com/_assets/files/2010.12.03-syndicats.pdf. Le même sondage indique que les Français pensent à 70 % que les syndicats sont attentifs à défendre les intérêts des salariés du secteur public, mais ils ne sont que 38 % à penser que les syndicats sont attentifs à défendre les intérêts des salariés ayant un emploi précaire, et 34 % pour les intérêts des salariés des petites entreprises et les chômeurs.

Un cercle vicieux

En France, c'est essentiellement l'État qui régule le marché du travail. Le dialogue social est ainsi vidé d'une grande partie de sa substance, puisqu'il ne reste pas grand-chose à négocier une fois que lois et décrets ont été édictés. L'intervention directe de l'État écrase le dialogue social, mais l'absence de celui-ci nourrit l'intervention de l'État qui doit se substituer à une négociation défaillante. Le salaire minimum fournit un bon exemple de ce cercle vicieux.

Les pays où la syndicalisation est faible ont un encadrement très centralisé du salaire minimum par l'État. La France est l'archétype de cette situation. En revanche, les pays où la syndicalisation est forte n'ont pas de salaire minimum *légal*. Les salaires minima sont déterminés par des conventions collectives. C'est le cas des pays nordiques, comme le Danemark, mais aussi des pays d'Europe continentale, tels que l'Allemagne.

La relation négative entre syndicalisation et salaire minimum légal a une double origine. D'une part, la faiblesse des syndicats contraint l'État à jouer un rôle actif en matière de fixation des salaires. D'autre part, un salaire minimum légal diminue les incitations à adhérer aux syndicats puisque ces derniers n'interviennent pas dans sa détermination et que tout salarié pourra en bénéficier, qu'il soit syndiqué ou non. L'intervention de l'État sur le marché du travail, justifiée par la faiblesse des contre-pouvoirs syndicaux, exclut toujours un peu plus les corps intermédiaires et le dialogue social.

L'évolution en sens opposé du salaire minimum et de la syndicalisation en France depuis le début des années 70 est symptomatique d'un tel phénomène. Mais d'autres pays ont connu une évolution comparable. Après le démantèlement brutal des syndicats britanniques par Margaret Thatcher au début des années 80, l'Angleterre a introduit un salaire minimum légal dans les années 90. Face à l'érosion de la syndicalisation, ce sujet est maintenant débattu en Allemagne. À l'inverse, au Danemark et en Suède, où un syndicalisme de services attire un grand nombre d'adhérents, l'introduction d'un salaire minimum légal est toujours hors de propos[1].

La qualité des relations de travail dépend en grande partie de la vitalité de la coopération entre chefs d'entreprise et salariés. Pour activer la confiance mutuelle, l'État doit leur transférer des champs de compétence plus larges. Ce constat n'est pas nouveau. Pierre Rosanvallon l'avait déjà dressé en 1981[2]. Mais cette évolution suppose que les syndicats soient réellement représentatifs des intérêts de leurs mandants, qu'ils soient salariés ou employeurs. Revenir sur la question de la représentativité et de la transparence des

1. Philippe Aghion, Yann Algan et Pierre Cahuc, « Can Policy Interact with Culture ? Minimum Wage and the Quality of Labor Relations », *Journal of the European Economic Association*, 2011.

2. Pierre Rosanvallon, *La Crise de l'État-providence*, Le Seuil, 1981. Plus récemment, ces idées ont été défendues dans le domaine du droit du travail par Jacques Barthélemy et Gilbert Cette, *Refonder le droit social*, La Documentation française, 2011.

organisations syndicales est donc une priorité. Des syndicats de masse fondés sur les services qu'ils proposent à leurs adhérents et dont les ressources proviennent de manière transparente des cotisations, voilà le contexte qu'il faut réussir à créer si on veut restaurer une confiance minimale[1] dans le dialogue social.

1. Sur la réforme de la représentativité syndicale, voir Pierre Cahuc et André Zylberberg, *Les Réformes ratées du président Sarkozy*, Flammarion, 2009, chap. 2.

8

Le culte des « meilleurs »

« Je suis actuellement à la recherche d'un emploi, d'un CDI, car je souhaite trouver un appartement, mais je ne trouve pas et je commence à désespérer car ça fait trois mois que je cherche, que je passe des entretiens mais toujours rien. Je pensais que ce serait simple mais pas du tout g envoyé au moins 150 cv ET MEME + et je trouve pas. J'ai un niveau BTS assistante de gestion 2 ans d'expérience en alternance et un bac compta gestion. mon cv n'est pas moche mais je trouve pas. Je sais plus quoi faire. » Ainsi s'exprime Nadia55 sur Bladi.net. Réponse de Yassine78 : « On finira bien par trouver quand on est motivé… je connais une personne qui cherche depuis presque un an, elle n'a plus du tout confiance en elle… » Quant à la meilleure réponse à la question « Pourquoi c'est si dur de trouver un boulot en CDI ? », selon les personnes qui ont voté sur le site Yahoo France, c'est Themis qui la donne : « Je tafe qu'en cdd, les cdi se font rares à moins d'avoir bac + 20 ou des relations. » Ces appels de détresse sont monnaie courante. Ils expriment l'état d'esprit d'une jeunesse découragée. Résignée ?

Un marché segmenté à l'excès

Notre marché du travail est en grande partie responsable de cette détresse. Conformément au reste de notre société, il fonctionne selon une logique statutaire : d'un côté les titulaires d'un contrat à durée indéterminée (CDI), protégé par des règles nombreuses et contraignantes, et de l'autre les titulaires d'une des multiples formes de contrat à durée déterminée (CDD). Or, aujourd'hui, les CDD représentent plus de 90 % des embauches ! Ces emplois sont souvent de très courte durée, ils ont donc tendance à disparaître très rapidement. C'est pourquoi le CDI, qui se poursuit habituellement sur plusieurs années, reste très fortement majoritaire.

Il concerne actuellement environ 85 % des emplois. La « flexibilité » du marché du travail repose donc sur les épaules de 15 % de travailleurs parmi lesquels les jeunes les moins qualifiés occupent une large place. Les bénéfices d'un système aussi segmenté ne sont pas apparents. Historiquement, le développement du recours aux CDD s'est accompagné en France d'une montée du taux de chômage des jeunes qui culmine aujourd'hui aux alentours de 24 %. En Espagne, pays qui détient la palme en matière de proportion d'emplois à durée déterminée – elle y est égale au double de celle de la France –, le chômage dépasse aujourd'hui les 20 % et celui des jeunes les 40 %.

Les raisons pour lesquelles les systèmes fondés sur une séparation stricte entre emplois stables et emplois à durée déterminée engendrent autant de chômage sont aujourd'hui bien identifiées : en substance, les emplois stables s'y avèrent « trop » stables et les emplois instables « trop » instables ! Plus la rupture d'un contrat stable coûte cher et s'accompagne d'une complexité juridique source de grandes incertitudes, plus les entreprises font appel aux contrats à durée déterminée. Comme le recours à ces emplois est très facile, les entreprises en font un large usage. Beaucoup de personnes « tournent » ainsi sur des CDD de courte voire de très courte durée, et, entre deux contrats, elles s'inscrivent comme demandeurs d'emploi. Or retrouver un emploi prend du temps – de plus en plus de temps –, surtout lorsque le service public s'avère mal équipé pour faire face à cet afflux permanent de candidats. En France, pour les personnes ayant une faible ancienneté dans l'emploi, les risques de se retrouver au chômage ont été multipliés par deux entre la fin des années 70 et la fin des années 90 du fait quasi exclusif de l'augmentation de la part des contrats à durée déterminée dans l'économie[1].

Cette évolution tend à gonfler les chiffres du chômage et, accessoirement, les dépenses d'assurance chômage financées par les cotisations sociales. En plus d'être inefficace, ce système est aussi particulièrement injuste. On sait à quel point il est difficile de trouver un logement ou d'obtenir un crédit immobilier lorsqu'on est en CDD, la priorité allant toujours aux titulaires d'un CDI. Par

1. Luc Behaghel, « Insécurité de l'emploi : le rôle protecteur de l'ancienneté en France a-t-il baissé ? », *Économie et Statistique*, 366 (1), 2003, pp. 3-29.

ailleurs, les CDD sont un tremplin vers l'emploi stable… *surtout pour les plus qualifiés*[1].

Notre marché du travail fonctionne donc selon une logique perverse qui pousse chacun à rechercher un statut, soit sous la forme d'un emploi en CDI, soit – encore mieux ! – sous la forme d'un emploi de fonctionnaire. Il est révélateur que les jeunes Français plébiscitent autant l'emploi public : parmi les 20-24 ans, 80 % aimeraient travailler dans la fonction publique ! Et les trois quarts de ceux qui y aspirent donnent pour principale raison la garantie de l'emploi. Seulement un jeune sur six avance comme raison : « travailler au service du public et non d'intérêts privés[2] ».

La machine à trier

Le drame est que le rejet d'une partie de la jeunesse, vouée à des emplois précaires, est programmé dès la petite enfance, à l'école primaire. Selon le Haut Conseil de l'Éducation, quatre écoliers sur dix sortent du CM2 avec de graves lacunes. Près de deux sur dix ne parviennent pas à rattraper leur retard avant d'entrer au collège[3].

1. Bérengère Junod, « Le CDD : un tremplin vers le CDI dans deux tiers des cas… mais pas pour tous », DARES, Document d'études n° 117, juillet 2006.

2. Sondage réalisé par l'institut Ipsos pour *La Gazette des communes* et *Le Monde*, mai 2004. Sur ces thèmes, voir Pierre Cahuc, Stéphane Carcillo, Olivier Galland et André Zylberberg, *La Machine à trier*, *op. cit.*

3. Haut Conseil de l'Éducation, *L'École primaire*, Bilan des résultats de l'École, 2007, p. 7. Sur les performances de l'école primaire,

La sélection se poursuit ensuite avec l'orientation au lycée[1]. Les propos des jeunes relatifs à l'orientation sont toujours à peu près les mêmes : « On ne m'a pas laissé choisir, on m'a imposé une orientation qui ne me convenait pas, cela m'a ôté toute motivation et m'a conduit soit à l'abandon, soit à l'échec. » Pour l'essentiel, et surtout pour les jeunes en difficulté, l'orientation à la fin du collège prend la forme d'une affectation autoritaire fondée sur les seuls résultats scolaires vers des voies qui ne correspondent pas à leurs vœux. Une orientation conçue de la sorte crée un sentiment d'exclusion. La question de l'orientation se pose également pour les études supérieures. Là aussi, c'est le sentiment de gâchis qui prédomine face à une sélection par l'abandon : 20 % des étudiants ayant continué après le baccalauréat quittent l'enseignement supérieur sans obtenir aucun diplôme.

Les comparaisons internationales montrent l'ampleur du gâchis humain et social produit par notre « machine à trier » les élèves. Notre système scolaire est l'un des plus injustes des pays de l'OCDE et ces inégalités ne cessent de se creuser. Entre 2000 et 2009, la proportion des élèves de 15 ans qui maîtrisent mal l'écrit est passée de 15 % à 20 %. Sur la même période, le pourcentage d'élèves les plus performants a légèrement augmenté, passant de 8,5 % à 9,6 %. Par ailleurs, l'écart entre les élèves les plus faibles et les élèves les

voir le rapport d'avril 2010 réalisé par l'Institut Montaigne, *Vaincre l'échec à l'école primaire.*

1. Richard Descoings, *Un lycée pavé de bonnes intentions*, *op. cit.*

plus forts s'est accru, du fait principalement d'une baisse des résultats des élèves les plus faibles. Dans le domaine de la culture mathématique, le constat est analogue. Les inégalités au sein du système éducatif français ont donc augmenté depuis une dizaine d'années. Or les pays qui affichent les meilleures performances scolaires sont ceux où ces inégalités sont les plus faibles.

Ces pays différencient très tardivement les parcours scolaires (la Finlande et le Japon par exemple), alors que ceux qui pratiquent une différenciation précoce obtiennent les plus mauvais résultats. La France se caractérise, dès la classe de 3e, par une diversification poussée présentée comme un outil de lutte contre l'échec scolaire, alors qu'elle conduit *in fine* à séparer le bon grain de l'ivraie. Là encore, il n'existe pas de fatalité. Les systèmes éducatifs des pays d'Europe du Nord étaient, il y a encore peu de temps, très élitistes. Ils sélectionnaient dès l'âge de 11 ans une petite élite, seule autorisée à continuer des études générales. Dans les années 70, des pays comme la Finlande et la Suède ont réussi à surmonter toutes les résistances pour que les élèves suivent un véritable tronc commun jusqu'à 16 ans.

Prenant la suite du système scolaire, notre marché du travail fonctionne en grande partie comme une machine à trier laissant à ceux qui échouent la seule perspective d'emplois instables à répétition. Autant de raisons qui militent pour changer en amont les pratiques de l'école et en aval notre conception de la relation au travail qui a creusé un fossé quasi infranchissable entre les CDI et les autres formes d'emploi.

Un droit du travail ubuesque

À la racine de la segmentation de notre marché du travail se trouve la définition du licenciement économique. Elle stipule, entre autres, qu'un licenciement économique doit être consécutif « notamment à des difficultés économiques ou à des mutations technologiques[1] ». Voilà qui autorise de multiples interprétations. Que doit-on entendre par « mutations technologiques » ? Qu'est-ce au juste qu'une « difficulté économique » ? Que peut bien cacher l'adverbe « notamment » ? La jurisprudence de la Cour de cassation a progressivement précisé l'interprétation de ces mystérieuses formules. En particulier, entre 1992 et 2005, elle a constamment affirmé qu'une entreprise a le droit de licencier pour *sauvegarder* sa compétitivité mais non pour l'*améliorer*.

La jurisprudence de la Cour de cassation prétend fonder sur cette base la validité du licenciement économique. Un débat digne de la casuistique. Au gré des jugements, on apprend ainsi qu'un poste faisant double emploi n'est pas forcément de trop ou que la sauvegarde de la compétitivité ne passe pas nécessairement par des « économies financières ».

Tout cela prête à sourire, mais, en pratique, notre droit du travail et sa jurisprudence sont devenus, au fil des ans, des sources d'incertitude considérable à la fois pour les employeurs et pour les salariés. Un licenciement sur cinq fait l'objet d'un contentieux. Dans les

1. Article L1233-3 du code du travail.

entreprises, le licenciement économique est devenu un tel repoussoir qu'elles font tout pour l'éviter. Elles gèrent l'essentiel de leurs mouvements d'effectifs à l'aide de contrats à durée déterminée. Elles utilisent aussi, en les détournant souvent de leur esprit, les dispositifs qu'offre le droit du travail, déguisant par exemple un licenciement économique en licenciement pour « motif personnel ».

Le renoncement du législateur a été total avec l'introduction, en 2008, de la « rupture conventionnelle ». En théorie, il s'agissait de faire en sorte qu'un employé et son employeur puissent divorcer à l'amiable. En pratique, cette nouvelle disposition permet à un employé désireux de quitter son entreprise de le faire… tout en percevant les indemnités de chômage ! Avec l'accord unanime des partenaires sociaux (ce sont même eux qui en sont à l'origine), le législateur a donc inventé la démission aux frais de la collectivité. Une « avancée » sociale qui n'existe dans aucun autre pays. On pouvait difficilement faire mieux en termes de déresponsabilisation financière des entreprises et des employés.

Une protection à contresens

Selon les critères retenus par l'OCDE, la France se range parmi les pays où la « protection de l'emploi » est la plus élevée[1], en compagnie du Mexique, de la Turquie,

1. L'indice de l'OCDE intègre principalement trois composantes : la protection des contrats dits « réguliers » (en France, il s'agit du CDI) contre le licenciement individuel, les procédures

du Portugal ou de la Grèce, mais à l'opposé des États-Unis ou du Danemark. La France doit son classement au clivage très net entre les CDI et les CDD.

Serions-nous le seul pays où les droits des travailleurs sont réellement assurés ? Le seul capable de bâtir une protection de l'emploi efficace à contre-courant de ses voisins ? C'est une idée répandue chez nous. Rien ne plaide en ce sens, bien au contraire. La durée moyenne du chômage est très longue, près de quatorze mois ! Le taux d'emploi[1] est plus faible que chez nombre de nos voisins et le chômage culmine à un haut niveau depuis près de trois décennies. Rien d'étonnant à ce que les Français soient particulièrement inquiets, et cela bien avant la crise actuelle. En 2008, 60 % des Français avaient – déjà – peur de devenir SDF[2] ! La France fait partie des pays, avec le Portugal, la Grèce, l'Espagne et l'Italie, où le sentiment d'insécurité dans l'emploi est le plus fort. À l'inverse, les habitants des Pays-Bas ou du Danemark éprouvent peu ce sentiment d'insécurité[3]. Les Français croient beaucoup moins en leur chance de

spécifiques aux licenciements collectifs et la réglementation portant sur l'usage des contrats à durée limitée. La France est le seul pays de l'Union européenne où les coûts liés au licenciement ont augmenté depuis le début des années 90.

1. Par définition, le taux d'emploi mesure le rapport entre la population ayant un emploi et la population en âge de travailler, c'est-à-dire dont l'âge est compris entre 15 et 65 ans.

2. Selon un sondage TNS-Sofres d'octobre 2008.

3. Fabien Postel-Vinay et Andrew Clark, « Job Security and Job Protection », *Oxford Economic Paper*, 61 (2), 2009, pp. 207-239. Ces auteurs utilisent un échantillon de plus de 12 000 Européens interrogés chaque année entre 1997 et 2001.

retrouver un emploi en cas de licenciement que les Danois, les Finlandais et les Suédois[1].

Deux chercheurs, Andrew Clark et Fabien Postel-Vinay, ont eu l'idée de confronter les indices de l'OCDE sur la protection de l'emploi avec le sentiment d'insécurité. Ils aboutissent à un résultat étonnant : plus l'emploi est « protégé » par la législation… plus celui qui l'occupe est angoissé ! La France cumule ainsi une législation sur les licenciements parmi les plus procédurières et un sentiment de précarité largement partagé par les salariés. Le Portugal est à la fois le pays ayant le plus fort indice de rigueur de la protection de l'emploi et celui où le sentiment d'insécurité est le plus fort. À l'inverse, le Danemark arrive à concilier une protection de l'emploi peu contraignante et un fort sentiment de sécurité des salariés.

Ce paradoxe n'en est pas un. Une protection plus rigoureuse réduit certes les destructions d'emplois, mais elle en diminue aussi les créations car les entreprises craignent de ne pouvoir, à l'avenir, détruire des emplois non rentables mais protégés par la législation. Or le niveau moindre des créations d'emplois a pour effet d'accroître la durée du chômage[2]. Lorsque moins d'emplois sont créés, chaque chômeur possède moins d'opportunités pour retrouver du travail et sa durée de chômage s'allonge.

---

1. Eurobaromètre spécial, *La Réalité sociale européenne*, Commission européenne, février 2007, http://ec.europa.eu/public_opinion/archives/ebs/ebs_273_fr.pdf.

2. Voir Pierre Cahuc et André Zylberberg, *Labor Economics*, MIT Press, 2004, chap. 12.

Elle peut même s'allonger dramatiquement. Par exemple, en France, on l'a dit, la durée moyenne du chômage avoisine les quatorze mois alors qu'elle est de quatre mois au Danemark[1]. Si, dans le même temps, toute personne menacée de licenciement sait qu'elle bénéficiera d'indemnités de chômage moyennement généreuses et d'un accompagnement peu efficace, on comprend son angoisse à l'idée de perdre son emploi. C'est là que réside le paradoxe : si la protection est forte, les titulaires d'un emploi stable ont peu de risques de le perdre mais ont aussi beaucoup moins de chances d'en retrouver un de même nature. La perte d'un emploi, surtout stable, engendre donc une situation potentiellement catastrophique et, même si cet événement a peu de chances de se produire, son éventualité provoque un fort sentiment d'insécurité[2]. Peut-être vaudrait-il mieux protéger les individus que les postes et les statuts…

« Flexicurité » et confiance

Les pays du sud de l'Europe, y compris la France, ont donc choisi d'assurer les emplois et les statuts, grâce à une protection de l'emploi rigoureuse, plutôt que les

1. Torben M. Andersen, Nicole Bosch, Anja Deelen et Rob Euwals, « The Danish Flexicurity Model in the Great Recession », www.voxeu.org, 8 avril 2011.

2. Sur l'angoisse suscitée par le déclassement dans une société de statuts, voir Éric Maurin, *La Peur du déclassement : une sociologie des récessions*, Le Seuil, coll. « La République des idées », 2009.

individus par des assurances chômage généreuses et un service public de recherche d'emploi efficace. À l'opposé, les pays du nord de l'Europe ont adopté le modèle de la « flexicurité » qui combine une assurance chômage généreuse, un service public de l'emploi efficace et une – relativement – faible protection. Or il existe une relation positive entre la confiance[1] et le « degré de flexicurité[2] ». En règle générale, les pays dotés d'un fort civisme sont aussi des pays où la « flexicurité » est le plus développée[3]. Il est probable que les pays du sud de l'Europe ont été incapables d'adopter ce modèle danois parce que sa réussite repose en grande partie sur une cohésion sociale étroite, marquée par… une confiance mutuelle.

Dans ce contexte, il n'est donc pas surprenant que les Français soient parmi les Européens les plus soupçonneux sur la mauvaise utilisation des prestations sociales par leurs concitoyens. Ils sont également beaucoup plus nombreux à penser que les chômeurs ne font pas suffisamment d'efforts pour trouver un emploi[4]. Cette défiance entrave notre capacité à activer une véritable

1. Mesurée par exemple par la proportion d'individus qui déclarent faire confiance aux autres.

2. Mesuré par le ratio des indices « allocation de chômage-protection de l'emploi » construits par l'OCDE.

3. Voir Yann Algan et Pierre Cahuc, « Civic Virtue and Labor Market Institutions », *American Economic Journal : Macroeconomics*, 1 (1), 2009, pp. 111-145.

4. Selon le *European Social Survey* 2002-2008. Un Français sur deux considère que les chômeurs ne font pas suffisamment d'efforts, deux Français sur trois pensent que leurs concitoyens utilisent indûment des allocations sociales. Voir chapitre 2.

sécurisation des parcours professionnels. Les chômeurs sont mal accompagnés et mal protégés. Les salariés qui ont la chance d'être titulaires d'un CDI sont alors plus enclins à ne pas bouger, ce qui accroît, à terme, la segmentation du marché du travail et les difficultés d'insertion des jeunes peu qualifiés. C'est dans ce cercle vicieux que la France est entrée depuis plusieurs décennies.

Pour diminuer la défiance qui traverse l'ensemble du corps social, il faut en finir avec le millefeuille des statuts sur le marché du travail. Un *contrat unique* de travail permettrait d'atteindre cet objectif[1]. Pour l'instant, à droite comme à gauche, l'idée n'est pas très bien accueillie. Mais il est temps de moderniser – un peu – la société !

1. Ce contrat unique pourrait être rompu de manière simplifiée sans contrôle du juge sur la validité des motifs de la rupture lorsque ceux-ci sont de nature économique. En contrepartie, pour éviter des ruptures excessives de contrat, les entreprises devraient verser une contribution au service public de l'emploi proportionnelle au volume de leurs destructions d'emplois, ce qui les rendrait responsables des conséquences sociales de leurs décisions et les inciterait à maintenir les emplois aussi longtemps que possible. Dans ce système, les entreprises détruiraient moins d'emplois qu'elles ne le font aujourd'hui. Pour plus de précisions, voir Olivier Blanchard et Jean Tirole, *Protection de l'emploi et procédures de licenciement*, rapport du Conseil d'analyse économique, n° 44, 2003, La Documentation française ; Pierre Cahuc et Francis Kramarz, *De la précarité à la mobilité : vers une Sécurité sociale professionnelle*, rapport au ministre de l'Économie, des Finances et de l'Industrie et au ministre de l'Emploi, du Travail et de la Cohésion sociale, La Documentation française, juin 2005 ; Michel Camdessus, *Le Sursaut : vers une nouvelle croissance pour la France*, La Documentation française, 2004, et Pierre Cahuc et André Zylberberg, *Le Chômage, fatalité ou nécessité ?*, Flammarion, 2004, chap. 6.

9

300 fromages, 500 niches, 1 gouvernement

Le 9 avril 1865, la reddition du général Lee au général Grant met un terme à la guerre de Sécession entre les États-Unis et les États confédérés d'Amérique au terme de quatre années de combats. Dès février 1862, un programme de pensions d'invalidité pour les soldats des États-Unis avait été mis en place[1]. Mais la réelle autonomie dont jouissait ce Bureau des pensions ouvrait grand la porte aux groupes de pression. Le calcul des sommes à verser devint complexe et peu transparent. Le Bureau introduisit alors la notion de « traumatisme équivalent ». Il pouvait décider que telle ou telle forme de maladie ou de handicap était « équivalente » à une main coupée ou à un œil crevé. Par ailleurs, il n'était pas toujours facile de savoir si une affection était due à la guerre, surtout quand les vétérans commencèrent à vieillir. Des « diarrhées chroniques » pouvaient être la conséquence des terribles conditions endurées pendant le conflit. Pour certains, c'était plus que probable. Mais pas pour tous. Pourtant, il fut décidé qu'un certificat médical de

1. La plupart des événements historiques relatés ici proviennent de l'ouvrage de Theda Skocpol, *Protecting Soldiers and Mothers*, Cambridge, Mass., Harvard University Press, 1995.

diarrhée chronique donnait droit à *tous* les vétérans à une pension d'invalidité.

Le système devint de plus en plus généreux. En 1890, il n'y avait pratiquement plus de liens entre les dommages de guerre et les pensions. Le programme de pensions d'invalidité s'était transformé *de facto* en un régime de retraite, mais un régime « spécial » au sens français du terme, puisque tous n'y avaient pas droit. En 1894, le pic des dépenses fut atteint : le montant des pensions de la guerre civile représentait 37 % de l'ensemble des dépenses de l'État fédéral !

À la fin du XIXe siècle, les États-Unis étaient un des plus « gros » États-providence de la planète. Mais ils se fondaient sur la différenciation des statuts : d'un côté, ceux qui pouvaient se prétendre vétérans ou liés à un vétéran, de l'autre, tout le reste de la population. En 1899, Charles Eliot, président de l'université de Harvard et adhérent de longue date du parti républicain, rejoignit le parti démocrate pour protester contre le système des pensions de la guerre civile qu'il jugeait extravagant. Cette démission annonçait « l'ère progressiste » (*Progressive Era*) marquée par de nombreuses réformes guidées par un constat : le système des pensions de la guerre civile était le parfait exemple de ce qu'il ne fallait plus faire. Les États-Unis ne se sont jamais orientés vers un État-providence d'envergure sur le modèle allemand ou suédois, que ce soit pendant le New Deal, ou même après la Seconde Guerre mondiale. La taille modeste de l'État-providence aux États-Unis ne s'explique donc pas seulement par une mentalité plus individualiste qu'en Europe et qui serait *a priori* rétive à toute forme d'intervention étatique. Les États-Unis ont eu un État-providence de grande taille à la fin du XIXe siècle et au début du XXe siècle, mais il fut délégitimé par l'ampleur du clientélisme. Ce risque est particulièrement fort dans un autre pays.

Des régimes de retraites très spéciaux

Ce pays c'est, bien sûr, la France ! Nous bénéficions de centaines de régimes de retraites différents, et même des milliers si l'on tient compte des retraites complémentaires[1]. Les salariés du secteur privé et les contractuels de la fonction publique ont plus ou moins le même régime de base[2]. Mais ce sont les « régimes spéciaux », s'appliquant à 20 % des actifs, qui forment la galaxie la plus foisonnante et la plus hétéroclite. On y trouve d'abord les gros bataillons de tous les fonctionnaires (État, collectivités territoriales, hôpitaux). On ne saurait évidemment oublier les salariés de la SNCF, de la RATP et des industries électriques et gazières. Mais il y a aussi ceux de la Banque de France, des industries portuaires, de l'Opéra de Paris, de la Comédie-Française, nos députés et nos sénateurs, etc. La liste est très longue.

---

1. Les données qui suivent sont extraites du 7e rapport du Conseil d'orientation des retraites daté du 27 janvier 2010, http://www.cor-retraites.fr/article363.html.

2. Ils représentent environ 70 % des actifs. Les disparités les plus importantes concernent les 30 % restants. Les régimes des non-salariés, qui couvrent à peu près 10 % des actifs, distinguent entre autres un régime des artisans et des commerçants, un régime des exploitants agricoles, plusieurs régimes pour les professions libérales, un régime pour les ministres des Cultes, etc.

Des réformes ont certes été mises en œuvre depuis 2007. Mais elles n'ont pas changé la donne. Une harmonisation de façade a touché certains paramètres emblématiques de quelques régimes, comme la durée de cotisation. Mais c'est souvent pour mieux dissimuler les modifications d'autres paramètres (intégration des primes, allongement de la grille des salaires, par exemple) qui accroissent l'avantage de certains régimes par rapport à d'autres[1]. Aujourd'hui comme hier, chaque régime possède des règles de départ à la retraite et des modes de calcul des pensions différents des autres. Par exemple, dans le secteur privé, c'est la moyenne des vingt-cinq meilleurs salaires ou revenus annuels qui sert de base au calcul du montant de la pension. Dans la fonction publique et la plupart des régimes spéciaux, ce sont les salaires des six derniers mois qui servent de référence. Et certains régimes spéciaux conservent une base de calcul spécifique qui peut être encore plus avantageuse, comme la moyenne des trois meilleures années consécutives pour les artistes de l'Opéra de Paris et de la Comédie-Française.

Le régime des parlementaires est particulièrement spécial. Avec des cotisations doublées (au taux de 16,6 %) pendant leurs trois premiers mandats, puis multipliées par 1,5 pour les cinq années suivantes, ils perçoivent une retraite à taux plein après 22,5 ans de cotisation, soit environ 6 200 euros par mois. Le député malchanceux qui ne fait qu'un seul mandat de cinq ans perçoit une retraite de 1 548 euros par mois (1 857 euros pour un sénateur après

1. Pierre Cahuc et André Zylberberg, *Les Réformes ratées du président Sarkozy*, *op. cit.*

un mandat de six ans). Le « rendement » de la cotisation des parlementaires bat tous les records. Le parlementaire a en outre la possibilité de cumuler plusieurs retraites liées à sa profession ou aux autres mandats qu'il a exercés : maire, conseiller régional, fonctionnaire.

Les régimes de retraites de nos élus illustrent parfaitement les méfaits du corporatisme. Dans cette logique, chaque groupe essaye de tirer son épingle du jeu, les mieux placés profitent le plus du système, comme à l'école. Il n'est pas étonnant que ceux qui décident des règles soient les mieux servis. Mais, du coup, il n'est pas surprenant non plus que ce comportement alimente la défiance ! Rappelons que sur l'ensemble de la période 2002-2008, 71 % des Français disent avoir une faible confiance dans le Parlement[1]. C'est la plus forte défiance en Europe de l'Ouest.

Niches ou forteresses ?

La France est donc corporatiste. Elle est organisée en groupements de métiers qui cherchent à faire respecter des distinctions de statuts pour avoir des droits

1. Source : *European Social Survey*, 2002-2008. Les personnes déclarent leur confiance dans le Parlement sur une échelle allant de 1 pour « Aucune confiance » à 10 pour « Une totale confiance ». Nous regroupons les scores inférieurs à 5 pour mesurer la défiance dans le Parlement. Cette défiance est plus faible dans les pays nordiques comme le Danemark (34 %), dans des pays d'Europe continentale comme l'Autriche (61 %) ou la Belgique (60 %), mais aussi dans les autres pays d'Europe méditerranéenne comme l'Espagne (58 %) ou l'Italie (60 %).

et des conditions matérielles différents des autres groupes. Au diplôme, qui conditionne la place dans la hiérarchie sociale, se superposent les conditions d'exercice de certaines professions : notaire, cheminot, pharmacien, enseignant, docker, ouvrier du livre, professeur d'université… autant de statuts particuliers qui confèrent des avantages acquis, qu'ils soient petits ou grands. En conséquence, la France est clientéliste. Au gré des élections locales ou nationales, les groupes de pression savent faire plier les autorités publiques pour obtenir des privilèges que les autres, sans pouvoir et désorganisés, n'obtiendront jamais. C'est le clientélisme qui explique le foisonnement des « niches fiscales », que l'administration baptise plus pudiquement « dépenses fiscales ». Leur montant atteint en 2011 près de 3 % du PIB[1], soit plus que ce que rapporte l'impôt sur le revenu. Certaines niches peuvent se justifier pour améliorer le bien-être de la collectivité. Les crédits d'impôts pour les économies d'énergie rentrent *a priori* dans ce schéma. Porter un jugement global sur leur éventuelle utilité n'a donc pas grand sens. Une évaluation au cas par cas s'impose (ce qui n'est d'ailleurs pratiquement jamais fait). Au-delà des montants, c'est plutôt le *nombre* de dispositifs qui devrait nous interpeller. Et là, nous sommes vraiment les champions du monde.

Le projet de loi de finances pour 2011 dénombre 504 niches fiscales différentes. 504 niches ! Mais une quaran-

1. *Évaluation des voies et moyens*, tome II : Dépenses fiscales, projet de loi de finances pour 2011, 4 octobre 2010, http://www.performance-publique.budget.gouv.fr/farandole/2011/pap/pdf/VMT2-2011.pdf.

taine[1] ont une réelle importance. Cela signifie que tout le dispositif est l'objet d'un gigantesque saupoudrage. Au fil des années et des élections, il a fallu satisfaire tel ou tel groupe de pression, telle ou telle portion de territoire, telle ou telle profession. Le saupoudrage est la marque déposée du clientélisme[2]. Que penser par exemple de « l'abattement spécial sur les plus-values réalisées lors de la cession d'un cheval de course ou de sport » (coût : 1 million d'euros) ? De la « détaxe applicable aux supercarburants et essences consommés en Corse » (coût : 1 million d'euros) ? Du « remboursement d'une fraction de taxe intérieure de consommation sur le gazole utilisé par les exploitants de transports publics routiers en commun de voyageurs » (coût : 26 millions d'euros) ? Du « taux réduit de taxe intérieure de consommation pour les carburants utilisés par les taxis » (coût : 26 millions d'euros) ? Du « crédit d'impôt en faveur des débitants de tabac » (coût : 3 millions d'euros) ? De « l'abattement de 50 % sur le bénéfice imposable des jeunes artistes de la création plastique » (coût : 1 million d'euros)[3] ?

1. *Rapport d'information sur les niches fiscales*, Assemblée nationale, 5 juin 2008.

2. À côté des « niches fiscales », il existe aussi des « niches sociales », sous forme d'allégements de cotisations sociales. En 2009, leur montant atteignait environ 30 milliards d'euros pour 54 dispositifs différents. Voir *Accostat*, n° 118, décembre 2010, et le rapport déposé par la mission d'information commune sur les exonérations de cotisations sociales, présenté par le député Yves Bur, Assemblée nationale, 25 juin 2008 : http://www.assemblee-nationale.fr/13/rap-info/i1001.asp#P327_ 38721.

3. Toutes ces données proviennent de la publication du ministère des Finances, *Évaluation des voies et moyens*, tome II : Dépenses fiscales, *op. cit.*

Pour assainir nos finances publiques, le « rabotage » des niches a commencé, mais très modestement[1], car le pouvoir des lobbies est redoutable. En réalité, le nombre de niches fiscales est bien plus important que celui mentionné dans le projet de loi de finances, car beaucoup de dispositifs dérogatoires ne sont plus considérés comme des niches fiscales, mais comme des « modalités particulières de calcul de l'impôt ». Par exemple, le taux réduit de 5,5 % de TVA sur les livres – 7 % à partir de 2012 – n'est pas considéré comme une niche fiscale, pas plus que celui sur les prestations des entreprises de pompes funèbres. Le rapport du Conseil des prélèvements obligatoires d'octobre 2010[2] relève que cinquante-deux niches concernant les entreprises ont été « déclassées » entre 2005 et 2010. Leur coût est proprement faramineux, puisqu'il s'élève à 73,1 milliards d'euros en 2010, soit plus que la totalité de ce qui est officiellement répertorié ! Cette évolution est révélatrice d'un effet pervers du corporatisme : l'opacité. La chasse aux chiens méchants qui veillent sur leur os est ouverte. Qu'à cela ne tienne ! Les lobbyistes de tout bord se mobilisent pour les faire rebaptiser en « modalités particulières de calcul de l'impôt ». Lorsque ce subterfuge sera trop visible, d'autres seront trouvés. Le corporatisme contribue à créer une législation

1. À titre de comparaison, l'Allemagne compte 86 niches fiscales, les États-Unis 164, l'Espagne 149 et les Pays-Bas 101. Voir *Les Dépenses fiscales dans les pays de l'OCDE*, OCDE, Paris, 2010.

2. Conseil des prélèvements obligatoires, *Entreprises et « niches » fiscales et sociales*, octobre 2010 : http://www.ccomptes. fr/fr/CPO/documents/divers/Rapport_de_synthese_Entreprises_et_niches_fiscales_ et_sociales.pdf.

de plus en plus complexe pour protéger des avantages derrière un rideau de plus en plus épais.

Dans ce contexte, ce sont les mieux lotis qui en profitent, car ce sont eux qui ont les moyens de défendre leurs privilèges. En moyenne, ces niches réduisent le barème de l'impôt d'environ 15 %. Mais cette réduction est très inégalitaire, car elle atteint 30 % pour le 1 % des revenus les plus élevés[1]. D'une efficacité douteuse, ce système accroît en plus les inégalités. Encore une caractéristique française qui ne favorise pas la confiance envers l'État-providence ni envers les plus riches !

Cumul des mandats et... clientélisme

Les méfaits du clientélisme sont encore accentués par une autre exception française : le cumul des mandats[2]. Chez nous, 85 % des députés et 72 % des sénateurs cumulent leur mandat national avec au moins un mandat local. Dans un grand nombre de pays, comme la Suède, la Finlande, le Danemark, l'Irlande, le Royaume-Uni ou l'Allemagne, c'est la pratique qui interdit dans les faits le cumul du mandat local et du mandat parlementaire. L'Italie frappe d'inéligibilité au Parlement les conseillers régionaux, les présidents des assemblées provinciales et les maires de villes de plus

1. Camille Landais, Thomas Piketty et Emmanuel Saez, *Pour une révolution fiscale*, Le Seuil, coll. « La République des idées », 2011.

2. Voir le rapport du député Jacques Valax sur le cumul des mandats, disponible sur le site de l'Assemblée nationale à l'adresse http://www.assemblee-nationale.fr/13/rapports/r2844.asp.

de vingt mille habitants. L'Espagne interdit le cumul d'un siège aux Cortes – l'Assemblée – avec celui d'un autre dans une assemblée de communauté autonome. De plus, il est impossible depuis 1985 de cumuler plus de deux mandats électifs. En Belgique, les parlementaires ne peuvent pas siéger dans une assemblée régionale ou provinciale. Le résultat est qu'il n'y a que 10 % de députés cumulards en Allemagne, 16 % en Italie, 13 % en Angleterre, 15 % en Espagne et 15 % en Belgique.

Les effets du cumul des mandats sur le clientélisme sont bien documentés[1]. Il favorise la primauté du localisme sur l'intérêt national. Les députés qui disposent des mandats locaux les plus importants (villes de plus de neuf mille habitants) assistent en moyenne à 30 % de commissions parlementaires de moins lorsque les sujets abordés concernent des enjeux nationaux[2]. Nos députés cumulards sont donc bien plus intéressés par la défense des intérêts locaux que par la gestion du pays. En conséquence, le cumul des mandats se traduit par une faible connaissance des dossiers législatifs pour un grand nombre de nos représentants. Cela facilite le travail des groupes de pression, qui peuvent se contenter d'influencer quelques parlementaires pour atteindre leurs objectifs. En outre, le cumul des man-

1. Voir les études de Michaël Cheylan et Philippe Manière, « Député, un job à temps plein », *Briefing Paper*, Institut Montaigne, décembre 2006, disponible à : www.institutmontaigne.org ; de Yves Mény, « Des mœurs irréformables ? », *Pouvoirs*, n° 126, pp. 37-45, 2008 ; de Laurent Bach, « Faut-il interdire le cumul des mandats ? », document de travail, PSE, octobre 2009 ; et le livre de Stéphane Cadiou, *Le Pouvoir local en France*, PUG, 2009.

2. Laurent Bach, « Faut-il interdire le cumul des mandats ? », *op. cit.*

dats instaure des baronnies locales qui limitent le renouvellement des élus et favorisent la corruption.

Corporatisme et défiance

Les différentes formes d'organisations des États-providence entretiennent des liens étroits avec la confiance entre citoyens. À l'opposé du corporatisme, l'universalisme repose sur des services et des transferts publics (accès aux crèches, accès aux soins, éducation, formation professionnelle, prise en charge des chômeurs, etc.) ouverts à tous, indépendamment du statut de chacun. En pratique, l'universalisme n'est jamais parfait, mais les pays modèles ont aussi des prestations sociales plus égalitaires. C'est le cas des pays de l'Europe du Nord et du Canada[1]. Ils s'opposent à ce titre à la France, à l'Italie et aux États-Unis.

L'universalisme explique en grande partie la confiance des citoyens dans l'État-providence[2]. Plus cette philosophie du savoir-vivre ensemble s'applique, plus grande est la confiance. À l'opposé, la défiance sévit dans les pays corporatistes. Ces relations ne sont pas fortuites. Dans un système corporatiste, la multiplicité des statuts

---

1. Le degré d'universalisme des prestations sociales peut être mesuré, par exemple, par la part de la population en âge de travailler éligible aux assurances sociales de maladie, de chômage et de retraite. Voir Gøsta Esping-Andersen, *Les Trois Mondes de l'État-providence*, PUF, 1990 ; et Yann Algan et Pierre Cahuc, *La Société de défiance*, *op. cit.*, fig. 15, p. 49.

2. Voir Yann Algan et Pierre Cahuc, *La Société de défiance*, *op. cit.*, figure 17, p. 52 et figure 18, p. 53.

opacifie l'action de l'État. Il est difficile de savoir exactement ce que perçoit son voisin et chacun peut avoir l'impression de recevoir moins que lui. L'opacité encourage la corruption. En outre, dans un tel système, les classes moyennes croient plus qu'ailleurs à l'utilité de l'impôt puisqu'elles ont accès à toute la gamme des prestations sociales. Elles n'ont pas le sentiment que l'impôt va surtout servir aux autres. La confiance en sort grandie[1]. À cette aune, la situation de la France est catastrophique.

Les dépliants touristiques décrivent souvent la France comme « le pays des 300 fromages ». On pourrait aussi la décrire comme étant celui des 500 niches fiscales ou des 600 régimes de retraites, ce qui, bien compté, fait beaucoup plus que 300 « fromages »... Le corporatisme érode la confiance des Français. Il faut donc s'en extirper en harmonisant les régimes de retraites et en réduisant les niches fiscales. Mais la tâche ne s'arrête pas là. Pour limiter ses effets pervers, il faut restreindre le clientélisme, ce qui suppose une réforme des mœurs politiques. Pour l'heure, l'impunité règne.

1. Voir les analyses particulièrement éclairantes de Bo Rothstein, « Is the Universal Welfare State a Cause or an Effect of Social Capital ? », *QoG Working Paper Series*, n° 16, 2008, et « Corruption, Happiness, Social Trust and the Welfare State : A Causal Mechanisms Approach », *QoG Working Paper Series*, n° 9, 2010.

10

Impunité

La tempête Xynthia a fait plus de cinquante morts dans la nuit du 27 au 28 février 2010 sur le littoral atlantique. On a appris qu'une élue locale délivrait des permis de construire à son fils, promoteur immobilier, lui permettant de bâtir sur des terrains en zone inondable. Aurait-elle délivré ces permis si le promoteur n'avait pas été son fils ? Jusqu'à l'automne 2010, Jean-François Copé, président du groupe UMP à l'Assemblée nationale, était avocat dans un cabinet conseillant les Caisses d'épargne. En juin 2009, le groupe UMP s'est prononcé à l'unanimité en faveur d'une loi prévoyant la fusion des Caisses d'épargne et des Banques populaires. Jean-François Copé a-t-il su faire abstraction de ses activités d'avocat pour convaincre son groupe de voter cette fusion ? Jean-Noël Guérini, président (PS) du conseil général des Bouches-du-Rhône, a été mis en examen en septembre 2011, car il était soupçonné d'être intervenu en faveur de son frère Alexandre, pour agrandir l'une de ses décharges. Jean-Noël Guérini serait-il intervenu si le propriétaire de la décharge n'avait pas été son frère ?

Ces questions ne devraient pas exister. Elles relèvent du « conflit d'intérêts », c'est-à-dire d'une situation où un titulaire d'une charge publique a un intérêt personnel de nature à influer ou paraître influer sur la manière dont il s'acquitte de ses fonctions. L'intérêt personnel du titulaire englobe tout avantage pour lui-même ou en faveur de sa famille, de parents, d'amis, de proches, ou de personnes ou d'organisations avec lesquelles il a ou a eu des relations d'affaires ou politiques. Les conflits d'intérêts ne concernent pas que les hommes politiques, mais bien tous ceux qui peuvent tirer un avantage personnel de la gestion des biens d'autrui, c'est-à-dire des personnes aussi diverses que les fonctionnaires, les élus, les journalistes, les syndicalistes, les chefs d'entreprise, les experts…

Comme le souligne Jean-Pierre Jouyet, président de l'Autorité des marchés financiers : « Le risque potentiel de “mélange des genres” est aussi nocif que le passage à l'acte, compte tenu du soupçon qu'il suscite, lui-même susceptible de déstabiliser l'institution et de jeter le discrédit sur ses décisions passées ou à venir. Le conflit d'intérêts est donc un poison qui appelle des antidotes particulièrement efficaces[1]. » En ce domaine, la réglementation française est pratiquement inexistante[2]. Elle alimente le sentiment du « tous pourris ». Nicolas Sarkozy avait promis lors de sa campagne de 2007 de faire de notre pays une « démocratie irréprochable ». Cet objectif n'a pas été atteint et il est totale-

---

1. Lors de son audition à l'Assemblée nationale par le groupe de travail sur la prévention des conflits d'intérêts le 13 janvier 2011.

2. Sur ce sujet, voir le dossier « Prévenir les conflits d'intérêts dans la vie publique française » paru dans *La Lettre de Transparence*, n° 47, décembre 2010, http://www.transparence-france.org/e_upload/pdf/llt47.pdf ; et Martin Hirsch, *Pour en finir avec les conflits d'intérêts*, Stock, 2010.

ment irréaliste dès lors que nous n'avons toujours aucune véritable législation sur les conflits d'intérêts et qu'une grande partie de nos élites répugnent à en établir une.

Un pays corrompu

L'état de santé de notre démocratie a de quoi nous inquiéter. Plus de deux Français sur trois estiment que la classe politique est corrompue et gangrenée par les milieux d'affaires. Selon la principale ONG internationale de lutte contre la corruption en 2010, nous sommes classés au 25ᵉ rang sur l'échelle de la transparence des pouvoirs publics. Le Danemark, la Nouvelle-Zélande et Singapour se classent 1ᵉʳ ex æquo, la Suède et la Finlande 4ᵉ, le Canada 6ᵉ, les Pays-Bas 7ᵉ, l'Allemagne 15ᵉ, le Royaume-Uni 20ᵉ et les États-Unis 22ᵉ. La situation est d'autant plus alarmante que notre classement ne cesse de se dégrader depuis 2007. À cette date, la France se trouvait au 19ᵉ rang, entre le Japon et les États-Unis. Nous avons perdu chaque année des places, pour atteindre, en 2010, le 25ᵉ rang, entre l'Uruguay et l'Estonie.

Tout aussi révélateurs sont les indicateurs fournis par le Forum économique mondial qui réalise tous les ans une enquête auprès de milliers de managers dans le monde entier[1]. Pour les « détournements de fonds publics », les pays jugés les plus vertueux sont la Nouvelle-Zélande (1ʳᵉ), la Suède (2ᵉ), Singapour (3ᵉ),

1. *Global Competitiveness Report 2010-2011*, World Economic Forum, http://www.weforum.org/.

le Danemark (4e), la Finlande (5e). Nous occupons une peu honorable 25e place devant, néanmoins, le Japon (27e) et les États-Unis (34e). Sur la confiance dans « l'éthique des hommes politiques », nous nous classons 31e, certes devant le Vietnam (32e), mais loin derrière les éternels bons élèves que sont les pays du nord de l'Europe. L'indépendance de notre système judiciaire est aussi très mal perçue, puisque nous n'occupons que la 39e place dans cette dimension. La Nouvelle-Zélande, le Danemark, la Suède et la Finlande caracolent toujours en tête, mais on y trouve aussi l'Allemagne (5e) et le Royaume-Uni (8e).

Sur le « favoritisme » dont pourraient faire preuve les autorités publiques dans l'attribution de certains contrats ou dans la conduite de la politique économique, la France n'apparaît, là encore, qu'à la très médiocre 32e place. On peut se réjouir en voyant que nous distançons nettement nos voisins du sud : la Grèce (!) se classe 105e et l'Italie 115e. Enfin, l'opinion des managers sur le gaspillage des dépenses publiques est, elle aussi, très mauvaise, puisque nous n'occupons que la 48e place.

Assez de chiffres ! Tout montre que nous sommes perçus comme un pays plutôt corrompu au sein des pays les plus développés économiquement. Une des premières causes en est notre absence de gestion des conflits d'intérêts.

Le déni

Le droit français ignore le « conflit d'intérêts », il ne connaît que la « prise illégale d'intérêts ». Cela signifie que le droit français ne dit rien sur les *situations* qui pourraient conduire à des malversations ; il ne condamne éventuellement que le *passage à l'acte*, si, bien sûr, les faits sont prouvés[1].

Cette situation reflète l'état d'esprit d'une bonne partie de l'élite française, très opposée à une réglementation contraignante des conflits d'intérêts. Ce serait insulter son intégrité que de lui imposer des règles strictes de bonne conduite qui vont de soi pour des personnes sélectionnées par un système méritocratique où seuls les meilleurs ont accès aux plus hautes responsabilités. Des règles strictes, qui obligeraient à déclarer ses conflits d'intérêts potentiels, instillent le doute : elles suggèrent une absence de vertu des personnes devant s'acquitter des déclarations. De telles contraintes pourraient aussi empêcher, nous dit-on, les plus performants de cumuler des responsabilités pour lesquelles ils sont les plus qualifiés.

1. L'article 432-12 du code pénal précise de la façon suivante la prise illégale d'intérêts et les sanctions prévues : « Le fait, par une personne dépositaire de l'autorité publique ou chargée d'une mission de service public ou par une personne investie d'un mandat électif public, de prendre, recevoir ou conserver, directement ou indirectement, un intérêt quelconque dans une entreprise ou dans une opération dont elle a, au moment de l'acte, en tout ou partie, la charge d'assurer la surveillance, l'administration, la liquidation ou le paiement, est puni de cinq ans d'emprisonnement et de 75 000 euros d'amende. »

Il existe tout de même des règles qui encadrent d'éventuelles dérives dans le domaine public. Dans les deux mois suivant leur nomination et la cessation de leurs fonctions, l'ensemble des élus, les membres du gouvernement et les dirigeants des entreprises publiques sont désormais obligés de se soumettre à une formalité administrative, dont le nom porte quelque peu à confusion puisqu'elle s'appelle « déclaration d'intérêts[1] ». Il s'agit d'une déclaration patrimoniale concernant l'ensemble des biens et placements de l'intéressé (immeubles bâtis et non bâtis, valeurs mobilières, contrats d'assurance vie, comptes bancaires, œuvres d'art, pierres précieuses, fonds de commerce, placements divers tels que les sicav, fonds communs de placement, etc.). Ce document est adressé pour vérification à un organisme bien discret, la Commission pour la transparence financière de la vie politique[2].

Cette instance apprécie l'évolution de la situation patrimoniale des intéressés et s'assure que ceux-ci n'ont pas bénéficié d'un enrichissement anormal en cours de mandat. La Commission dispose de plusieurs prérogatives : informer le Premier ministre de l'absence de déclaration des membres du gouvernement, inviter les personnes aux déclarations suspectes à comparaître devant elle afin de se justifier, établir un rapport non

1. La liste des personnes assujetties au contrôle de la Commission pour la transparence financière de la vie politique se trouve sur le site de cette commission à l'adresse http://www.commission-transparence.fr/commission/commission_assujetties.htm.

2. Créée en mars 1998, modifiée en 1995 puis en 2011, elle est composée des membres du Conseil de l'État, de la Cour de cassation et de la Cour des comptes.

nominatif appréciant la variation des situations des membres du gouvernement et enfin, pour les cas les plus graves, transmettre le dossier au parquet en cas de suspicion d'infraction. En pratique, la Commission pour la transparence financière de la vie politique a peu d'influence. Elle n'a aucun moyen ni pouvoir d'investigation et de contrôle. Elle n'a pas le pouvoir de sanctionner les fausses déclarations. Ces lacunes ont conduit François Fillon à promettre, en 2009, qu'une loi accorderait ce pouvoir à la Commission. Mais rien n'a été fait jusqu'à aujourd'hui.

Le contenu de la déclaration lui-même est très insuffisant, puisque la mention du montant et de l'origine des revenus est facultative. La mention de la profession du conjoint et, en cas de séparation de biens, de ses patrimoines, activités et revenus, n'est pas non plus obligatoire. Enfin, les rapporteurs de la Commission n'ont pas accès aux données fiscales. L'inefficacité de la Commission pour la transparence financière de la vie politique est fortement aggravée par le fait qu'hormis celles concernant le président de la République, *les déclarations d'intérêts ne sont pas rendues publiques*.

Des rapports sans suite(s)

Les rapports sur les conflits d'intérêts ne manquent pas. Le dernier en date, intitulé « Pour une nouvelle déontologie de la vie publique », a été rédigé par Jean-Marc Sauvé, vice-président du Conseil d'État, Didier Migaud, premier président de la Cour des comptes, et Jean-Claude Magendie, premier président honoraire de la cour d'appel de Paris. Il a été remis au président de la République le 26 janvier 2011. Conformément à la commande présidentielle, le champ du rapport est très limité, puisqu'il ne porte que sur les membres du gouvernement, les responsables des établissements publics et des entreprises publiques ainsi que les agents publics. Il ne concerne donc pas les parlementaires et les autres élus, ce qui est évidemment une lacune importante.

Pour l'essentiel, ce rapport propose de doter la Commission pour la transparence financière de véritables pouvoirs d'investigation, et notamment de la possibilité de demander l'ensemble des déclarations fiscales des ministres et de leurs proches. Il recommande de rendre *publiques* les déclarations d'intérêts des membres du gouvernement. Il propose aussi qu'il y ait des sanctions systématiques en cas de fausses déclarations, allant de l'amende à l'interdiction d'exercer une fonction publique à titre temporaire, voire à l'inéligibilité politique.

Lors de la réception du rapport, le président de la République a fait part de ses réserves sur l'éventualité des sanctions. Le rapport Sauvé a aussi suggéré qu'un membre du gouvernement ne puisse avoir de responsabilité financière dans un parti politique (l'allusion à la situation passée d'Éric Woerth est transparente). Le Premier ministre François Fillon a critiqué cette proposition, la qualifiant de « contraire à la démocratie ». Les chefs de file des groupes parlementaires de l'UMP, Gérard Longuet et Jean-François Copé, ont également fait part de leur hostilité. D'autres personnalités, essentiellement issues de l'opposition, à l'exception du ministre du Travail Xavier Bertrand, ont salué la qualité du rapport et la nécessité d'agir sur le sujet afin de rétablir la confiance entre les citoyens et les responsables politiques.

Suivant les propositions du rapport Sauvé, les « déclarations d'intérêts » de l'ensemble des membres du gouvernement[1] ont été publiées sur le site du Premier ministre en avril 2011. Mais comme il n'existe toujours pas d'autorité indépendante en charge du contrôle de la véracité des informations – ce que proposait pourtant le rapport Sauvé –, l'initiative manque encore de réelle crédibilité. Par ailleurs, il n'est pas demandé aux membres du gouvernement de déclarations complètes de patrimoine. Le site du gouvernement précise que les déclarations listent uniquement les biens « dont la valeur est susceptible d'être directement influencée par les décisions du gouvernement ». De plus, « les sicav et fonds communs de placement ne sont pas à déclarer, sauf si elles [sic] se rapportent à un secteur d'activité particulier, précisément défini ». Les biens détenus par les conjoints et les enfants mineurs, demandés par le formulaire, n'ont pas été rendus publics. Ces documents demeurent peu détaillés et non exhaustifs. Ainsi, les entités avec lesquelles les ministres, en tant qu'anciens avocats ou présidents de société, ont travaillé, sont absentes. Au final, seuls huit ministres sur les trente que comptait à l'époque le gouvernement de François Fillon ont livré quelques précisions sans intérêt majeur au grand public[2].

1. http://www.gouvernement.fr/gouvernement/publication-des-declarations-d-interets-des-membres-du-gouvernement.

2. Par exemple, François Fillon signale qu'il détient des actions EDF et Crédit agricole, dont la « gestion est confiée, pendant

Faisant suite au rapport Sauvé, le Parlement a définitivement adopté, le 5 avril 2011, trois textes visant à renforcer la transparence financière des élus. Il n'y est toujours pas question de faire entrer le « conflit d'intérêts » dans le droit français. La disposition la plus importante reste bien timide. Elle dispose que les parlementaires ayant « sciemment » omis de déclarer leur patrimoine en début de mandat ou ayant fourni une déclaration « mensongère » sont susceptibles d'être punis d'une amende de 30 000 euros et d'être privés de leurs droits civiques. Ce nouveau dispositif ne suit pas le rapport Sauvé sur un point essentiel puisque, à la différence des membres du gouvernement, les déclarations des parlementaires *ne seront pas rendues publiques*. De plus, les sanctions prévues dans le projet de loi ont été fortement adoucies par des amendements parlementaires. Ainsi, une peine d'emprisonnement de deux ans avait été à l'origine adoptée par la commission des Lois de l'Assemblée nationale, avant d'être supprimée sur intervention des chefs parlementaires de la majorité, Christian Jacob et Jean-François Copé[1]. Les députés de l'opposition, mais aussi certains de la majorité, ont souligné avec vigueur que ne pas prévoir

l'exercice des fonctions ministérielles, à un intermédiaire agréé ». La secrétaire d'État à la Santé, Nora Berra, indique avoir des parts sociales dans une « Sarl de restauration ». Alain Juppé est seulement détenteur d'un contrat d'assurance vie. La ministre des Sports de l'époque, Chantal Jouanno, déclare posséder des actions dans le groupe Pernod-Ricard, et le ministre de l'Éducation nationale, Luc Chatel, un plan d'épargne en actions au Crédit agricole.

1. Christian Jacob et Jean-François Copé étaient en réalité hostiles à toute incrimination pénale en cas de déclaration mensongère.

de peine d'emprisonnement pour un élu de la nation qui mentirait sciemment à ses mandants diminuait considérablement l'intérêt à se montrer vertueux.

Bref, la France reste à des années-lumière des bonnes pratiques en matière de conflits d'intérêts que l'on peut trouver dans les pays scandinaves ou au Canada[1]. Et la situation peine à évoluer.

Les conflits d'intérêts coûtent cher

Tout indique que les conflits d'intérêts ont des effets délétères et qu'il est souhaitable de les encadrer strictement[2]. Une brillante analyse de Bang Dang Nguyen et Kasper Meisner Nielsen, qui évalue l'impact de la mort soudaine et inattendue de membres de conseils d'administration de grandes entreprises américaines, l'illustre parfaitement[3]. Ces deux chercheurs montrent que le décès d'un membre du conseil d'administration réduit de 50 millions de dollars la valeur de l'entreprise si ce membre est indépendant,

1. Les exemples du Canada et de la Suède sont particulièrement bien développés dans la *Lettre d'information* n° 47, de décembre 2010, de l'organisation non gouvernementale Transparency International, http://www.transparence-france.org/e_upload/ pdf/llt47.pdf.

2. Pour une présentation synthétique des conséquences économiques des conflits d'intérêts, voir Augustin Landier et David Thesmar, *La Société translucide*, Fayard, 2010.

3. « The Value of Independent Directors : Evidence from Sudden Deaths », *Journal of Financial Economics*, 89 (3), 2010, pp. 550-567. Seuls les décès non anticipés sont pris en compte. Les cas de suicide sont éliminés.

c'est-à-dire ne présente aucun conflit d'intérêts avec le P.-D.G. ou avec l'entreprise[1]. En revanche, la disparition d'un membre non indépendant, donc en situation de conflit d'intérêts, n'a aucun impact significatif sur la valeur de l'entreprise ! Une saine gestion des conflits d'intérêts peut donc rapporter gros. Ainsi, imposer des règles assurant une véritable indépendance des membres des conseils d'administration améliorerait significativement la valorisation des grandes entreprises françaises, pour l'instant soumises à des contraintes insuffisantes dans ce domaine[2]. De telles règles favoriseraient aussi la confiance des salariés envers leurs patrons, souvent suspectés de bénéficier de rémunérations exorbitantes grâce à leurs connivences.

Les comparaisons internationales montrent que la corruption est plus faible lorsque les informations portant sur les activités, les revenus et le patrimoine de la classe politique sont *publiques*[3]. Ces comparaisons montrent aussi que la corruption est associée à de moins bonnes performances économiques et à un revenu par habitant plus faible[4]. En outre, le manque de transpa-

1. Un membre du conseil d'administration est indépendant s'il n'est pas salarié, ancien salarié, client ou créancier de l'entreprise, s'il n'a pas de relation familiale avec des salariés ou des dirigeants de l'entreprise, de ses créanciers ou de ses clients.

2. Frédéric Palomino, *Comment faut-il payer les patrons ?*, *op. cit.*

3. Simeon Djankov, Rafael La Porta, Florencio Lopez-de-Silanes et Andrei Shleifer, « Disclosure by Politicians », *American Economic Journal : Applied Economics*, avril 2010.

4. Nauro Campos, Ralitza Dimova et Ahmad Saleh, « Whither Corruption ? A Quantitative Survey of the Literature on Corruption and Growth », *CEPR Discussion Paper* n° 8140, 2010.

rence et la corruption, en limitant les possibilités de contrôle du pouvoir politique, entraînent une dégradation des finances publiques : les pays moins transparents et plus corrompus ont des déficits publics plus importants[1], car ils ont plus de difficultés à réduire leurs dépenses lorsque la conjoncture se dégrade[2]. Outre son impact sur les performances économiques, la corruption détériore significativement le bien-être des habitants[3]. Le nombre d'« années de vie heureuse », calculé à partir de la satisfaction et de la durée de vie, est fortement corrélé avec les indicateurs de la Banque mondiale sur la qualité des institutions publiques[4]. En d'autres termes, à conditions matérielles identiques, les citoyens vivent plus longtemps et plus heureux dans les pays où

1. Voir notamment : A. Alesina, F. Campante et G. Tabellini, « Why is Fiscal Policy So Often Procyclical ? », *Journal of the European Economic Association*, 6 (5), 2008, pp. 1006-1036 ; A. Gavazza et A. Lizzeri, « Transparency and Economic Policy », *Review of Economic Studies*, 76 (3), 2009, pp. 1023-1048 ; Gian Maria Milesi-Ferretti, « Good, Bad or Ugly ? On the Effects of Fiscal Rules with Creative Accounting », *Journal of Public Economics*, 88 (1-2), 2004, pp. 377-394 ; Min Shi et Jakob Svensson, « Political Budget Cycles : Do they Differ Across Countries and Why ? », *Journal of Public Economics*, 90 (8-9), 2006, pp. 1367-1389.

2. K. Peren Arin, Viera Chmelarova, Eberhard Feess et Ansgar Wohlschlegel, « Why are Corrupt Countries less Successful in Consolidating their Budgets ? », *Journal of Public Economics*, 95 (7-8), 2011, pp. 521-530.

3. John Helliwell et Haifang Huang, « How's Your Government ? International Evidence Linking Good Government and Well-Being », *British Journal of Political Science*, 38, 2008, pp. 595-619.

4. Ruut Veenhoven, « How Universal is Happiness ? », dans John F. Helliwell et Daniel Kahneman (dir.), *International Differences in Well-Being*, New York, Oxford University Press, 2010, chap. 11.

le gouvernement est efficace, la justice indépendante, et la corruption faible. Dans tous ces domaines, la France fait figure de mauvais élève parmi les pays riches.

Comment restaurer la confiance des Français envers leurs responsables politiques et économiques ? Il faut s'inspirer des meilleures pratiques étrangères, à l'instar du Canada et de la Suède, qui ont promulgué des lois drastiques incluant la condamnation pénale pour les conflits d'intérêts. La prévention des conflits d'intérêts doit concerner l'ensemble des membres du gouvernement et des élus, mais aussi les fonctionnaires, les syndicalistes, les experts, les responsables d'association et les membres des conseils d'administration des entreprises.

Conclusion

Besoin d'exemplarité ?

Les Français ont le sentiment de vivre dans une société où la coopération est l'exception plus que la règle. Tout au long de ce livre, nous avons voulu montrer que cette situation provient d'un système cohérent fondé sur la hiérarchie et le statut.

Mais il y a aussi un message d'espoir. La confiance peut se construire dès le plus jeune âge, à l'école, par un enseignement adapté ; elle peut se développer dans l'entreprise grâce aux méthodes de travail et au dialogue social. La transparence et l'exemplarité des pouvoirs publics, l'égalité face à l'État-providence, face à l'impôt, et la vitalité de la démocratie participative constituent aussi des éléments décisifs.

Rétablir la confiance, c'est améliorer à la fois le bien-être et les performances économiques. La confiance des élèves conditionne leurs résultats scolaires et leur insertion sociale, celle des salariés accroît leur motivation et leur productivité. La confiance des citoyens garantit l'efficacité des politiques publiques et leur disposition à financer l'État-providence. Naturellement, la confiance ne fait pas tout. Aveugle, elle est aussi dangereuse que la défiance. L'esprit critique reste une qualité essentielle. La crise est là pour le rappeler. N'avons-nous pas trop fait confiance à nos banques, nos experts, nos gouvernants… ?

Faut-il tout changer ? Oui. Est-ce possible ? Oui. En tête de liste figure la réforme de l'école qui est au fondement de notre société élitiste et hiérarchique. L'objectif du système éducatif doit être que *tous* aient les mêmes chances d'y trouver leur voie. Cela conduit à réduire le primat des disciplines, à alléger substantiellement les programmes et les heures de cours, à réviser les méthodes d'évaluation et peut-être même à supprimer les notes et les classements jusqu'à un certain niveau d'enseignement, à développer des méthodes « horizontales » d'apprentissage, à casser l'organisation tubulaire des études par filières rigides. Cet objectif n'est pas inatteignable, l'exemple de nombreux pays est là pour en témoigner. Mais son horizon est forcément lointain, car il faudra obtenir le consensus de tous les acteurs.

Dans une stratégie de réformes séquentielles, il faut tout d'abord restaurer *l'exemplarité* des pouvoirs publics. En la matière, la balle est dans le camp de nos dirigeants. Il leur faut commencer par résoudre la question des conflits d'intérêts. Faire entrer cette notion dans le droit français est indispensable pour améliorer la confiance des Français envers les pouvoirs publics. En pratique, les pouvoirs de la Commission pour la transparence financière de la vie politique devraient être accrus. Elle devrait disposer de moyens d'investigation et de contrôle.

La situation est urgente, tant la perception de la corruption a augmenté au cours du dernier quinquennat. De nombreuses sources indépendantes telles que Transparency

International pointent la dérive des récentes pratiques de conflits d'intérêts. L'ensemble des expériences étrangères nous enseigne pourtant à quel point ceux-ci minent la confiance.

Le cumul des mandats – une exception française – parasite par ailleurs toute collaboration entre l'échelon national et l'échelon local. Le cumul des mandats doit être interdit. En pratique, la proposition figurant dans le *Livre vert* piloté par le haut-commissaire à la Jeunesse, Martin Hirsch, en 2009, constitue un bon point de départ. Il recommandait une limitation du cumul des mandats dans le temps et dans les fonctions exercées : deux mandats consécutifs, un mandat unique pour les parlementaires, les présidents des conseils régionaux et les maires des grandes villes. Il recommandait encore d'instaurer un statut de l'élu politique (mais aussi syndical et associatif) qui offrirait plus de garanties à son titulaire, lequel, du même coup, pourrait être moins tenté de cumuler les mandats[1].

Il est impossible d'avoir confiance en autrui lorsque le manque d'exemplarité des dirigeants suscite l'incivisme[2]. Rétablir la confiance dans nos dirigeants en faisant en sorte qu'ils soient le plus exemplaires possible est la première des nécessités.

1. Voir Commission sur la politique de la jeunesse, *Livre vert*, La Documentation française, 2009, disponible à l'adresse http://lesrapports.ladocumentationfrancaise.fr/BRP/094000308/0000.pdf.

2. Sur ce thème, voir les contributions de Bo Rothstein, « Creating a Sustainable Solidaristic Society : A Manual », *QoG Working Paper Series* 2011:7 (www.qog.pol.gu.se), et *The Quality of Government : Corruption, Inequality and Social Trust*, University of Chicago Press, 2011.

Table

Des mêmes auteurs :

Yann Algan et Pierre Cahuc :

La Société de défiance, Éditions Rue d'Ulm, 2007.

Pierre Cahuc :

L'Apprentissage : donner la priorité aux moins qualifiés (avec Marc Ferracci), Presses de Sciences Po, 2015.

Améliorer l'assurance chômage (avec Stéphane Carcillo), Presses de Sciences Po, 2014

De la précarité à la mobilité, vers une sécurité sociale professionnelle (avec Francis Kramarz), La Documentation française, 2005.

Productivité et emploi dans le tertiaire, avec Michel Debonnevil, La Documentation française, 2004.

La Nouvelle Microéconomie, La Découverte, 1998.

La Réduction du temps de travail : une solution pour l'emploi ? (avec Pierre Granier), Economica, 1997.

Les Négociations salariales : des fondements microéconomiques aux enjeux macroéconomiques, Economica, 1991.

Pierre Cahuc et André Zylberberg :

Le Négationnisme économique, Flammarion, 2016.

La Machine à trier : comment la France divise sa jeunesse (avec Stéphane Carcillo et Olivier Galland), Eyrolles, 2011.

Les Réformes ratées du président Sarkozy, Flammarion, 2011.
Salaire minimum et bas revenus (avec Gilbert Cette), La Documentation française, 2008.
Temps de travail, revenu et emploi (avec Patrick Artus), La Documentation française, 2007.
Le Chômage, fatalité ou nécessité ?, Flammarion, 2004.
Microéconomie du marché du travail, La Découverte, 2003.
Le Marché du travail, Éditions De Boeck, 2001.
Économie du travail : la formation du salaire et les déterminants du chômage, Éditions De Boeck, 1996.

André Zylberberg :

L'Économie mathématique en France : 1870-1914, Economica, 1990.
L'Économie de partage, une solution pour l'emploi ?, Éditions du CNRS, 1989.

PAPIER À BASE DE FIBRES CERTIFIÉES

Le Livre de Poche s'engage pour l'environnement en réduisant l'empreinte carbone de ses livres. Celle de cet exemplaire est de :
350 g éq. CO_2
Rendez-vous sur www.livredepoche-durable.fr

Composition réalisée par NORD COMPO

Achevé d'imprimer en France par
CPI BUSSIÈRE (18200 Saint-Amand-Montrond)
en juillet 2022
N° d'impression : 2066136
Dépôt légal 1re publication : octobre 2013
Édition 06 - août 2022
LIBRAIRIE GÉNÉRALE FRANÇAISE
21, rue du Montparnasse – 75298 Paris Cedex 06

31/5647/8